ポジティブ名言で学ぶ英語表現

English expressions learned
from the quotes of great men

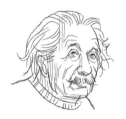

小池直己

はじめに

　今日の社会情勢の中で、私たちにとって最も必要なことは、前向きなポジティブな生き方ではないでしょうか。特に逆境を跳ね返し、克服するために必要な「折れない心」を持って、幸せな人生を送ることでしょう。

　本書では、古今東西の偉人の名言の中から特にポジティブな英語名言を厳選してみました。

　英語名言は簡潔で洗練された英語で表現されているので、理想的な英語教材ともいえるでしょう。それぞれの英語名言に、文法、語法、単語などの解説をつけてあるので、辞書を引かなくても、名言を楽しみながら、気楽に読み進められるように全体が構成されています。最後まで読めば、中学・高校英語の基本も効果的に復習できるようになっています。

　さらに、名言の内容から、次の9のカテゴリーに分類してみました。

　「幸福と平和」「努力と向上心」「成功の秘訣」「自分の人生を生きる」「人間関係の問題」「劣等感と逆境の克服」「感情と心理」「思春期と恋愛」「結婚と人生」です。

　これを、第1章〜第9章として全体が構成されています。

　この本の中では、古今東西の哲学者、心理学者、思想家、文学者、科学者、実業家などのポジティブな名言を取り上げています。

その中でほぼ共通していえることは、「幸福な人生を歩むこと」「自由な自分のための人生を生きること」を希求している点と、「自己実現」を目指す人生観です。

　それぞれの名言には、主として心理学的視点から分析し、私自身の実際の具体的な経験に基づいた解説を加えました。最後まで読むと、心理学、哲学、文化人類学、文学、倫理社会学などの基礎知識も身につけることができるように全体を構成しました。つまりこの本を読むことによって、楽しみながら高校英語の基礎知識と大学教養科目レベルの人文科学や社会科学に関する基礎知識の学び直しができるのです。

　私は「英語との出会い」によって自己実現する機会を得ることができました。

　心理学では自己実現をもって最高の理想的な生き方としています。自己実現とは自分の個性を発揮し、自分らしく生きることによって人生における充実感を得ることとされています。私はポジティブな生き方をすることによって、自己実現することができました。その結果、今は自由で幸せな人生を歩んでいます。

　皆さんも、ポジティブな名言から、ポジティブな生き方を学ぶことによって、逆境を乗り越えて、自由で幸せな、充実した人生をともに歩んでいきましょう。

2021年　秋　小池直己

本書の使い方 *How to use this book*

偉人の名前

文豪、政治家、哲学者、精神科医、科学者など、様々なジャンルで名を残した人物たちです。

01
エイブラハム・リンカーン

名言

偉人の言葉の中からポジティブになれるものを厳選しました。

Most people are about as happy as they make up their minds to be.

ほとんどの人は、おおよそ自分がなろうと決断した分だけ幸せになれる。

偉人の
プロフィール

エピソードもお楽しみください。

Abraham Lincoln 1809-65

アメリカ合衆国第16代大統領。ケンタッキー州生まれ。初めは弁護士であったが、共和党議員となった。1863年南北戦争下に奴隷解放を宣言、64年再選、翌年南部人によって暗殺された。「人民の人民による人民のための政治」という民主主義の理念を説いたことでも有名。

012

Let's try!

この本は古今東西の偉人の言葉から、キーワードとなる英語表現を抜き出しています。名言を読みながら英語力を身につけ、いつの間にか心が勇気づけられるように作られています。

キーワード

この名言の中で使われている英語表現の学びのポイントです。

---

as ～ as ...

…と同じくらい～

as ～ as ... は「…と同じくらい～」。
程度が同じであること（同等比較）を表します。

The movie was as interesting as I had expected.
（その映画は期待どおりおもしろかった）

How you say it is as important as what you say.
（言い方は、言う内容と同じくらい大切だ）

キーワードの解説と具体的な使い方がわかる例文。

notes **make up one's mind to～** ～しようと決心する
〈例〉 I can't make up my mind to marry him.
（彼と結婚する決心がつかない）

notes

注意したい単語や慣用句などをピックアップ。プラスワンの力をつけましょう。

| Think more |

人間にとって何が幸せかといえば、私は、自分の興味のあること、好きなことをして、人生を全うすることだと思います。例えば、音楽の好きな者が、音楽で生計を立て、生涯音楽の世界に没頭して人生を送ることができれば、その人の人生は幸せな時間を過ごしたといえるでしょう。これは、画家や作家などについてもいえます。そのためには、自分がなろうと決断し、行動を起こし、多大な情熱と努力を自分の好きなことに惜しみなく注ぎ込まなければいけません。激烈な競争にも打ち勝たなければなりません。

私は英語が好きで、大学3年生のときに、大学教授になる決心をしました。様々な困難が待ち受けていましたが、英語が好きだったことが心の支えとなって、幸せな人生を送ることができました。

私は「英語との出会い」によって「自己実現」する機会を得ることができました。

心理学では「自己実現」をもって最高の理想的な生き方としています。自己実現とは自分の個性を発揮し、自分らしく生きることによって人生における充実感を得ることとされています。

013

各章の最後のコラム

ポジティブになれる
ことわざ

一度は耳にしたことがあることわざを選びました。よく知ることわざが英語ではどう表現されるのか、チェックしてみてください。

| **Think more** |

心理学にも精通している著者が、この名言について解説。読んでいるうちに前向きになれるはずです。

CONTENTS

Chapter 7 感情と心理

Chapter 8 思春期と恋愛

Chapter 9 結婚と人生

イラスト/高松啓二　　装丁/やもりデザイン

chapter

I

Happiness and peace
幸福と平和

Abraham Lincoln
William James
Buddha
George Eliot
James Oppenheim
Margaret Mitchell
Marcel Proust
Robert Louis Stevenson
Benjamin Disraeli
George Washington
Martin Luther King
Albert Einstein
Frederick Langbridge

01
エイブラハム・リンカーン

Most people are about as happy as they make up their minds to be.

ほとんどの人は、おおよそ自分がなろうと決断した分だけ幸せになれる。

Abraham Lincoln 1809-65

アメリカ合衆国第16代大統領。ケンタッキー州生まれ。初めは弁護士であったが、共和党議員となった。1863年南北戦争下に奴隷解放を宣言、64年再選、翌年南部人によって暗殺された。「人民の人民による人民のための政治」という民主主義の理念を説いたことでも有名。

as 〜 as ...

…と同じくらい〜

as 〜 as ... は「…と同じくらい〜」。
程度が同じであること（同等比較）を表します。

The movie was as interesting as I had expected.
（その映画は期待どおりおもしろかった）

How you say it is as important as what you say.
（言い方は、言う内容と同じくらい大切だ）

 make up one's mind to 〜 〜しようと決心する
〈例〉**I can't make up my mind to marry him.**
（彼と結婚する決心がつかない）

| Think more |

人間にとって何が幸せかといえば、私は、自分の興味のあること、好きなことをして、人生を全うすることだと思います。例えば、音楽の好きな者が、音楽で生計を立て、生涯音楽の世界に没頭して人生を送ることができれば、その人の人生は幸せな時間を過ごしたといえるでしょう。これは、画家や作家などについてもいえます。そのためには、自分がなろうと決断し、行動を起こし、多大な情熱と努力を自分の好きなことに惜しみなく注ぎ込まなければいけません。激烈な競争にも打ち勝たなければなりません。

私は英語が好きで、大学3年生のときに、大学教授になる決心をしました。様々な困難が待ち受けていましたが、英語が好きだったことが心の支えとなって、幸せな人生を送ることができました。

私は「英語との出会い」によって「自己実現」する機会を得ることができました。

心理学では「自己実現」をもって最高の理想的な生き方としています。自己実現とは自分の個性を発揮し、自分らしく生きることによって人生における充実感を得ることとされています。

02

ウィリアム・ジェームズ

Acceptance of what has happened is the first step to overcoming the consequences of any misfortune.

すでに起きてしまったことを受け入れることが、不幸な出来事を克服する第一歩である。

William James 1842-1910

ニューヨークに生まれる。一家の転居に合わせて、フランスやイタリアで過ごす。一時は画家になることを志したが、ハーバード大学で医学を学んだ。ハーバード大学教授として、心理学や哲学などを教えた。アメリカ心理学の基礎ともいうべき『心理学原理』(1890)を出版するとともに、プラグマティズムを確立し、著書『プラグマティズム』を出版した。弟は英米心理小説家のヘンリー・ジェームズである。

what has happened

起きてしまったこと

what has happened は「起きてしまったこと」。whatは関係代名詞で「もの、こと」という意味。the thing(s) which[that]と言いかえることができます。

What happened has happened.

（起きたことはしょうがない／過ぎたことは変えられない）

What is essential is invisible to the eye.

（大切なものは目には見えない）

acceptance of 〜 〜の受容、受諾、承諾
overcome 動 克服する、乗り越える
consequence 名 結果、影響

| Think more |

ジェームズによれば「ある知識や理論が真理であるかどうかは、それに基づいて実際に行動したときに望ましい結果が得られるかどうか、有用であるかどうかで決まる」といいます。つまり「有用性があるかどうかが、真理であるか否かを決定する」と考えます。

すでに起きてしまった不幸な出来事を悲観的に受けとめてしまい、不幸な人生を歩むのではなく、プラス思考で受けとめることによって、はじめて、不幸な出来事を克服して前向きな人生への第一歩が踏み出せるのではないでしょうか。

様々なストレスやトラウマ（心的外傷）を乗り越え、逆境から立ち直った後は、以前の自分よりも強く成長した自分を発見することができます。これは、心理学では「心的外傷後成長」といいます。

これまでの自分自身の人生を振り返ってみると、多くの逆境を乗り越えた経験のすべてが無駄ではなかったような気がします。「人生、無駄なことなんて何もない」という言葉がありますが、まさにその通りだと思います。

03
ブッダ

Thousands of candles can be lighted from a single candle, and the life of the candle will not be shortened. Happiness never decreases by being shared.

一本のロウソクから何千ものロウソクに火をつけることができる。しかも、それで、最初のロウソクの寿命が短くなることはない。
幸福は分かち合うことによって決して減ることはない。

Buddha B.C.463-383

本名はゴータマ・シッダッタ（Gotama Siddhattha）。ヒマラヤに近いシャーキャ族（釈迦族）の小国の王子として生まれた。シャーキャ族出身の聖人の意味から釈尊とも呼ばれる。17歳で結婚し、幸せな日々を送っていたが、老・病・死という人生の苦しみを目の当たりにし、出家を決意したといわれている。長い修行を重ねたのち、ブッダガヤの菩提樹の下で悟りを開いた。多くの弟子を育て、80歳で入滅（死亡）したと伝えられる。

by 〜ing
〜することによって

by 〜ing（動名詞）は「〜することによって」。手段・方法や理由を表します。ここでは受動態〈by being＋過去分詞〉「〜されることによって」になっています。

I lost weight by cutting down on fatty foods.
（私は脂肪分が多い食べ物を控えて体重を落とした）

One never loses by doing a good turn.
（善いことをして決して損をすることはない）

thousands of 〜 何千もの〜、何千という〜
light 動 火をつける、燃やす
shorten 動 短くする、縮める
decrease 動 減る、減少する

| Think more |

「生きとし生けるものすべてを差別なく慈しむ」という慈悲の精神は、仏教の根本理念の一つです。欲望の衝突によって生じる争いや苦悩も、慈悲の心を持つことによって消し去ることができるのです。怨みは怨みによって鎮めることはできません。他人の罪を赦し、憎しみや怨念を捨てることによってのみ怨みは自然に鎮まるのです。

他人に親切にすると、そんな自分が好きになります。「私は優しい人。私は心が広くて余裕がある人」といつもポジティブな自己像を抱いていると、自分のことが好きになり、もっと頑張ろう！　という前向きなエネルギーが湧きます。このような経験を日常的に習慣化することにより、ポジティブな行動傾向が定着し、幸せな人生を送ることができるのではないでしょうか。

親切な行為をすることによって自分の中にある「自己肯定感」が高まり、自分自身を愛せるようになります。自己肯定感は、主観的幸福度を高めます。心理学ではこのような幸福を感じる精神状態を「多幸感」といいます。

04
ジョージ・エリオット

Hold up your head!
You were not made for failure, you
were made for victory.
Go forward with a joyful confidence.

さあ顔を上げて！
君は失敗するために生まれてきたんじゃない、成功するために生まれてきたんだ。
嬉々とした自信を持って前に進め。

George Eliot 1819-80

イギリスの女流作家。本名はメアリー・アン・エヴァンズ（Mary Anne Evans、マリアン Marian ないしメアリー・アン Mary Annとも）。ヴィクトリア朝を代表する作家の一人。男性名のペンネームを用いたイギリスの女性作家。代表作は『ミドルマーチ』『サイラス・マーナー』など。

be made for 〜

〜のために作られる

be made for 〜 は「〜のために作られる、生み出される」。
このforは、目的「〜のために」や目標「〜を求めて」を表します。

I was made for loving you.
（僕は君を愛するために生まれてきたんだ）

failure 名 失敗、不成功
victory 名 勝利、克服
go forward 前進する
joyful 形 うれしい、歓びに満ちた
confidence 名 自信、確信

| Think more |

人は、誰もが同じ世界に生きているのではなく、自分が意味づけした世界に生きているのです。例えば、子供時代に不幸な経験をしたとしても、この「不幸な経験」をどう意味づけるかによって、その後の生き方や行動傾向が変わってきます。トラウマになる人もいれば、逆にこの「不幸な経験」をポジティブにとらえて、後の人生の成長の礎石とする人もいます。あのときのつらかった体験が、結果的には今の人生に生かされていると思えることが、幸せなことだと思います。

客観的な目で人生を振り返ることで、「陰の中の陽、陽の中の陰」があることに気づかされることがあります。自分の受け取り方次第で、嫌だった過去を、良かった過去に変えることができます。過去の物語は、自分が作り上げた物語に過ぎません。過去の出来事を素材にして、自分なりに楽観的な視点から楽しくて明るい物語を作り上げていきたい、人生の出会いの大切さや逆境を前向きに受けとめる生き方をこれからも貫いていきたいと思っています。

05
ジェームズ・オッペンハイム

The foolish man seeks happiness in the distance, the wise grows it under his feet.

愚者は遠いところにある幸福を探し求めるが、賢者は自分の足元にある幸福を育てる。

James Oppenheim 1882-1932

アメリカの詩人、小説家、編集者。ミネソタ州セントポール出身。20世紀初頭の重要な文学誌とされる"The Seven Arts"の創始者、編集者。のちに、心理学者ユングの研究にも従事した。

the wise

賢者

the wise は、ここではthe wise manのmanを省略した形。
通例、〈the＋形容詞〉は名詞になり、「～な人々（people）」「～なもの、こと（thing）」という意味を表します。

A word is enough to the wise.
（賢者は一を聞いて十を知る）

He's a man who can make the impossible possible.
（彼は不可能を可能にする男だ）

seek 動 探し求める、得ようとする
in the distance 遠方に
〈例〉We heard thunder rolling in the distance.
（遠くで雷の鳴る音が聞こえた）
under one's feet（人）の足元に

| Think more |

「人間にとって幸福とは何か」という問いは、古代ギリシア以来、哲学の中心的課題でした。毎日の生活の中で、心身ともに健康で、夢と希望を持って生きていければ、それだけで幸せな人生であると思います。

日常生活において、何か「楽しめる」ものを発見することで人生の幸せに気づくことがあります。例えば、朝起きて、一杯のコーヒーを飲みながら、窓辺の一輪の花に水をやることに幸せなひとときを感じることがあります。小鳥のさえずりや小川のせせらぎを聞いて、幸せな気持ちになることがあります。自分の足元にある幸せとは、このようなことではないでしょうか。

幸福は、個人の認識、受けとめ方の問題だと思います。社会的に成功することと、幸福になることとは、必ずしも一致するものではありません。他人と自分を比較している限り、幸福な人生を歩むことはできないと思います。

06
マーガレット・ミッチェル

After all, tomorrow is another day.

いいわ、とにかく明日は今日とは別の日なんだもの。

Margaret Mitchell 1900-49

アメリカの小説家。ジョージア州アトランタ出身。長編小説『風と共に去りぬ』で
知られている。南北戦争の豊富な知識を背景に、自分の人生体験を叙事詩に
綴っていった。骨折で寝たきりの生活のときに、この大作を描き始めたという。執
筆には旧式のレミントン・タイプライターが使われた。

after all

結局のところ

after all は「（何だかんだ言っても）結局のところ、どうあろうと」という意味の副詞句。副詞には、特定の語句ではなく文全体を修飾する用法があります。

After all, it is a matter of money.
（結局は金の問題だ）

After all, there's no place like home.
（何といっても我が家に限る）

another 形 別の、異なった

〈例〉**There must be another better way.**
（別のもっといいやり方があるはずだ）

〈例〉**He that fights and runs away, may live to fight another day.**
（戦って逃げる者は生きて別の日に挑むことができる／逃げるが勝ち）

| Think more |

これは、アメリカ映画『風と共に去りぬ』の中の名セリフです。「明日は明日の風が吹く」とも訳されています。

今日はつらい一日だったけれど明日は新しい一日が始まるのだ、というポジティブに人生を生き抜こうとする南部の女性の強さが伝わってくるようなセリフです。済んでしまった過去のつらい体験を引きずっていてはいけません。この経験を乗り越えて、明日から新しい人生を歩み始めようとするポジティブな生き方が我々に強い感動を与えてくれる映画のラストシーンです。

07

マルセル・プルースト

Let us to be grateful to the people who make us happy; they are the charming gardeners who make our souls blossom.

私たちを幸せな気持ちにさせてくれる人たちに感謝しましょう。彼らは私たちの魂を開花させてくれるような、すてきな庭師なのです。

Marcel Proust 1871-1922

フランスの小説家。その長編小説『失われた時を求めて』は、記憶と意識の持続を核としながら、第3共和政下のフランスの上流社会とそこに生きる人々の変容を描き出し、芸術に対する作者の理想を示した。20世紀の小説に決定的な影響を与えた。

make＋O＋動詞

Oに〜させる

〈make＋O＋動詞（原形不定詞）〉は「Oに〜させる」。「強制的に
させる」という意味合いがあり、Oの意思に関係なく「Oは〜させら
れてしまう」といったニュアンスです。

This scene always makes me cry.

（この場面にはいつも泣かされてしまう）

You cannot make people learn if they don't want to.

（人は、学びたいと思わなければ学ばせることはできない）

notes

grateful 形 感謝する、ありがたく思う
charming 形 すばらしい、魅力的な
gardener 名 庭師
soul 名 魂、（心の奥の）感情
blossom 動 開花する、快活になる

| Think more |

孤独感から抜け出したいときには、自分の所属するグループに貢献すること
を考えましょう。自分が人の役に立ち、自分に価値があると感じられるよ
うになるでしょう。

自分の存在が、周りの人々の役に立つということは、周りの人たちと仲間
意識、共通課題を持って一体になることです。この状態になれば、もはや
孤独ではありません。

「ありがとう」「助かるよ」と感謝の言葉が出ると、これは、心理学者のアド
ラーのいう「勇気づけ」になり、共同体感覚が生まれます。

孤独が我慢できないときには、居場所づくりから始めましょう。仕事の協
力を通して他者と交われば、共通目的を共有することによって、孤独感か
ら解放されることになるのです。

08
ロバート・ルイス・スティーヴンソン

Keep busy at something.
A busy person never, has time to be
unhappy.

何かに忙しくしていることだ。
忙しい人には、不幸でいるような時間がないからだ。

Robert Louis Stevenson 1850-94

イギリスのスコットランド、エディンバラ生まれの小説家、詩人、エッセイストである。代表作に冒険小説『宝島』『ジキル博士とハイド氏』など。

keep＋形容詞

〜であり続ける

〈keep＋形容詞〉は「〜の状態を維持する、ずっと〜のままである」。〈keep＋O＋形容詞〉「Oを〜の状態にしておく」の形でよく使います。

I can't keep quiet anymore.

（私はもう黙っていられない）

Please keep the information secret.

（その情報は秘密にしておいてください）

 have time to 〜 〜する時間がある、暇がある

〈例〉**I don't have time to go into detail now.**
（今それを詳しく説明する時間はない）

〈例〉**I don't have time to breathe.**
（息つく暇もない）

| Think more |

不幸に直面したときは、没頭できることを探せばいい。何かに心を傾けることによって、不幸な出来事を克服することができます。すでに過去の出来事になってしまった不幸な出来事は、取り返しがつきません。この不幸な体験をプラス思考で克服することによって、将来の飛躍に結びつけるような行動傾向を身につけていくことが大切なのです。不幸な出来事によって自分の人生が押し潰されてしまうようなことがあってはなりません。これでは、あまりにも悲しすぎる人生ではないでしょうか。自分に与えられた人生は、自由に、夢と希望に向かって自分のペースで生きてゆけばいいのです。

09

ベンジャミン・ディズレーリ

Action may not always bring
happiness; but there is no happiness
without action.

行動を起こせば必ず幸福になれるとは限らないが、行
動しなければ幸福にはなれない。

Benjamin Disraeli 1804-81

ディズレーリはイギリスの著名な政治家、小説家で、イギリスの帝国主義の幕を
開けた人物である。波乱万丈な生涯を送ったことで有名である。1868年と1874
〜80年、英国首相を務める。スエズ運河株の買収、インド帝国の成立などの帝
国主義的外交を展開した。

not always

そうとは限らない

always は「いつも、常に」「必ず、例外なく」。notと組み合わせると、「必ず〜というわけではない、必ずしも〜とは限らない」という意味（部分否定）を表します。

Objective and logical thinking is not always correct.

（客観的かつ論理的な考え方がいつも正しいとは限らない）

Wisdom goes not always by years.

（年をとれば賢くなるとは限らない）

action 名 行動、実行
without 前 〜なしに

| Think more |

まずは行動しなければ何も始まりません。自分にとって興味あることや、生涯情熱を打ち込めると信じたことは、他人の思惑に左右されずに、主体的に行動すべきです。たとえ試みが失敗し、他人から嘲笑されても、後悔することはありません。

自分の人生を主体的、行動的に生きることによって、人間は、最終的には必ず幸せをつかむことができるのです。

逆境を乗り越えるのは誰にとってもつらいことですが、何もない平穏無事な人生よりも、逆境を乗り越え、心的外傷後成長を遂げた人のほうが、より良い人生を歩んでいるといえるのではないでしょうか。

10
ジョージ・ワシントン

You should not look back unless it is to derive useful lessons from past errors, and for the purpose of profiting by dearly bought experience.

過去の誤りから役立つ教訓を引き出すためと、大きな犠牲を払った経験から教訓を得るためでなければ、過去を振り返るべきではない。

George Washington 1732-99

アメリカ合衆国初代大統領（1789-97）。1775年以来アメリカ独立戦争を指揮し、83年独立を成就。アメリカ建国の父と呼ばれる。

unless

そうでなければ

unless は「…でない限り、もし…でなければ」。
条件を表す接続詞です。

You never get anything unless you ask for it.
（求めなければ何も手に入らない）

A country won't progress unless she educates her people.
（人を育てなければ国は育たない）

 notes

look back 振り返る、回想する
derive 動 引き出す、導き出す
useful 形 役立つ、有益な
profit 動 教訓を得る、利益を得る
dearly 副 大きな犠牲を払って
buy 動 （何かを犠牲にして）手に入れる
experience 名 経験、体験

| Think more |

過去の誤りや失敗を冷静に分析することによって、将来成功するための教訓を得ることができるかもしれませんが、過去の不幸な経験を感情的に引きずってしまうと、結果的に人生を台無しにすることもあります。

人は、自分の失敗や過ちの原因を他人のせいにする傾向があります。過去の不幸な経験の原因を、外的な要因である他人や組織、社会の中に求めることによって、自分自身の失敗や過ちを正当化しようとするのです。

その結果、過去の不幸な経験を正当化するために他人を怨み、組織や社会を誹謗中傷することになります。そして、他人や組織から仕返しを受けてしまい、人生の貴重な時間を無駄にしてしまうことも。

11
マーティン・ルーサー・キング

We must learn to live together as brothers or perish together as fools.

私たちは兄弟としてともに生きることを学ばなければ
ならない。それができなければ、愚か者としてともに滅
びてしまうだろう。

Martin Luther King 1929-68

キング牧師は、「すべての人間は人種の差別を超えて兄弟である」という博愛の
精神に基づき、公民権運動を指導した。これによって、黒人の投票権が保障され、
また公共施設の利用や雇用における人種差別の存在が問題とされ、人種隔離
政策の撤廃のための告訴権などが承認された。

learn to＋動詞

〜することを学ぶ

〈learn to＋動詞（原形）〉は「〜することを学ぶ、〜する方法を習得する」。〈to＋動詞の原形〉（不定詞）は「〜すること」という意味で、動詞learnの目的語です。

Children must learn to empathize with others.
（子供は他人に共感することを学ばなければならない）

You should learn to control your temper.
（君は自分の感情を抑えられるようになるべきだ）

notes
as 前 〜として
perish 動 滅びる、消滅する

| Think more |

アメリカ合衆国で黒人解放運動を指導したキング牧師は、若い頃、インドのガンジーの非暴力主義を知って共鳴しました。人間が人間を差別するような社会の存在は決して許されるものではない。黒人差別への抵抗は、非暴力・不服従でなければならないことを主張したのです。

心理学的視点から見ると、人間の脳は、自分と異なる価値観を持つ者や、自分と異なった集団に属する人たちに対して自らの「正義の制裁」を加えると、脳の中枢が刺激され、快楽物質であるドーパミンが放出されるようにできています。この快楽中毒にはまってしまうと、簡単には抜け出すことができなくなります。

罰する対象を常に探し求め、自らの正義におぼれた中毒状態、いわゆる「正義中毒」に陥ってしまうのです。この認知構造は、一種の麻薬依存症です。この感情に嫉妬や妬みの感情が加わると、極めて残酷な正当化されたイジメになります。これが集団的、社会的、国家的レベルになるとアパルトヘイト、人種差別、宗教戦争になるのです。

12
アルバート・アインシュタイン

Peace cannot be kept by force.
It can only be achieved by
understanding.

平和は力によっては保たれない。
平和はただ理解し合うことによってのみ、達成できる
のだ。

Albert Einstein 1879-1955

理論物理学者。特殊相対性理論・一般相対性理論などの主唱者。ユダヤ系ドイ
ツ人。ノーベル物理学賞受賞者。核兵器禁止と平和運動に参加。イギリスの哲
学者・数学者のラッセルと核兵器廃絶を訴えたラッセル・アインシュタイン宣言
(1955)でも知られる。

can be＋過去分詞＋by ...

…で〜できる

〈can be＋過去分詞＋by ...〉は「…によって〜されることができる、…で〜できる」。このbyは、手段・方法を表します。

Reservation can be made by telephone or via the Internet.

（予約は、電話またはインターネットでできる）

Nothing can be done by just waiting.

（待っているだけでは何も成し得ない）

force 名 力、武力、支配力
achieve 動 達成する、成就する
understand 動 理解する、認める

| Think more |

科学技術が、人類を壊滅させる危機を引き起こし得ることを、人類が深刻に考えざるを得なくなったのは、核戦争の恐怖に直面したときでした。

第二次世界大戦後、東西の冷戦構造が強まる中で、米ソは、核兵器の開発生産を競い合い、その結果、人類を何回も滅亡させるほどの大量の核兵器が地球上に蓄積されることになったのです。

水爆が大量に作られ、本当に核戦争が起きれば、地球上すべての人間が消滅する可能性もあります。戦争は、国の利益や主義主張、人種の違いなどを理由に行われるのです。

幸福な人生を送るためには、自分自身が幸福になると同時に、人々が幸福になれる社会を作っていかなければなりません。そのためには国境やイデオロギーを超えて相互理解に努めなければならないのです。

13
フレデリック・ラングブリッジ

Two men look out through the same bars: one sees the mud, and one the stars.

二人の男が同じ鉄格子から外を見ている。
一人は地面の泥を見つめ、一人は星を見つめる。

Frederick Langbridge 1849-1922

アイルランド出身の牧師で詩人でもある。この名言は『不滅の詩』の一節で、マンガの『ジョジョの奇妙な冒険』に引用されたことで有名。物事の良い面に目を向ければ希望が見えてくるが、悪い面に目を向ければ悲観が見えてくる。物事のどの部分に目を向けるかによって、まったく別のものが見えてくる。彼の詩には教訓的な名言が詠われている。

one the stars

一人は星を見つめる

one the stars はone sees the starsを表します。文脈から判断できる語句（sees）は、繰り返しを避けるために省略することがあります。

I like cats, and my husband（likes）dogs.

（私は猫が好きで、夫は犬が好きだ）

look out（中から）外を見る

through 前 〜を通して

bars 名 柵、鉄格子

〈例〉**He was put behind bars for life.**
（彼は終身刑に処せられた）

mud 名 泥、ぬかるみ

| Think more |

いかなる状況に置かれても、考え方一つで自分自身の精神的な世界を変えることができます。人はどのような苦しい状況に置かれても、夢を描き、前向きな希望を持つことができるのではないでしょうか。

学生時代、貧乏で、狭い小さな部屋で過ごしながらも、心の中ではいつも、広い世界を夢見ていたことがあります。他人から嘲笑され、馬鹿にされても、いつも広い世界を夢見ていました。将来の成功した自分の姿を夢見ながら、絶えることなく日進月歩、毎日継続的に一歩ずつ、英語教育を生涯の仕事とし、人生を全うしたいという夢に向かって努力を積み重ねてきました。鉄格子からいつも星を見つめていたのは遠い昔の私自身の姿だったように思えます。

You cannot catch a tiger's cub unless you enter the den.
虎穴に入らずんば虎子を得ず
・・・
Nothing ventured, nothing gained.
危険を冒さなければ、何も得られない

目的達成のためには多少の犠牲はつきもの、といった意味です。自分が好きなことを職業として、幸せな人生を歩んでいくことを人生の目的と考えて、その目的を達成するためには、多少のものを犠牲にしなければならないこともあるし、大きなリスクがあることも心にとめておかねばならないでしょう。でもたとえ、人生の目的を達成できなくても、その目標に向かって、夢と希望を持って、ポジティブな感情を胸に秘めて人生を歩むことができたら、その人は幸せな人生を歩んだといえるでしょう。目的達成までの過程が大切であると思います。

There is even a worm which feeds on smart weed.
蓼食う虫も好き好き
・・・
Every man to his taste.
人それぞれに好みあり

物事のとらえ方は、十人十色であり、多種多様であるという意味です。人によって様々な価値観・見方・考え方があります。人によって価値観・見方・考え方が異なるので、人間関係での衝突を避けるためには、「自分と他者とは違う。人には、その人なりの価値観があるので、自分の事情と他人の事情は違う」と考える必要があります。共同作業や会話をする際には、相手の立場に立って、共通の課題、共通の感覚を持つよう心掛けることが大切なのです。

chapter

2

Effort and aspiration

努力と向上心

Oscar Wilde

William James

Winston Churchill

George Eliot

Samuel Johnson

Elbert Hubbard

Thomas Alva. Edison

Harriet Beecher Stowe

Samuel Smiles

Will Rogers

14
オスカー・ワイルド

Experience is the name everyone
gives to his mistakes.

経験とは、誰もが自分の失敗につける名前のことである。

Oscar Wilde 1854-1900

アイルランド出身の詩人、作家、劇作家。耽美的・退廃的・懐疑的だった19世紀
末文学の旗手。代表作は、『幸福な王子』『サロメ』『ドリアン・グレイの肖像』など。

the name everyone gives
誰もがつける名前

everyone 以下は、後ろからthe nameを修飾しています。
このように、文で名詞を修飾するときは、名詞のあとに〈主語＋動詞...〉を続けます。

Have you seen the movie I recommended?
（私が薦めた映画を見ましたか）

Information we can rely on is difficult to get.
（信頼できる情報を入手するのは難しい）

experience 名　経験、体験
mistake 名　（判断上の）誤り、過ち、間違い
〈例〉**Don't be too afraid of making mistakes.**
　　（間違いを犯すことを怖がりすぎてはいけない）
〈例〉**The important thing is not to repeat the same mistake.**
　　（大切なのは、同じ間違いを繰り返さないことだ）

| Think more |

　自分の好きなこと、自分が関心を抱いているものを職業にしたいと考えている人は、自分の定めた目標を目指して、一心不乱に多大な努力と修業を重ね、何度も激烈な競争を乗り越えていかなければなりません。

　確固たる信念があれば、これらのことに対しては、何の苦痛も感じません。夢と希望を持って目標に向かっているときは最高の充実感を覚え、心から生きていてよかったと実感できます。何年もの間、失敗を繰り返し、その失敗から次のステップにつながるための何かを学びながら、自己実現のゴールに向かって、一歩一歩前進しなければなりません。失敗から前進するための何かを学ぶことが経験を積むということなのです。

15
ウィリアム・ジェームズ

The art of being wise is the art of
knowing what to overlook.

賢明であるためのコツは、何を見過ごすべきかを知る
ことだ。

William James 1842-1910

ハーバード大学で心理学・哲学教授を務める。アメリカ心理学の基礎ともいうべき『心理学原理』(1890)を出版するとともに、プラグマティズムを確立し、著書『プラグマティズム』を出版した。プラグマティズムを、概念や思想の真理性を判定する理論として確立しようとした。弟は英米心理小説家のヘンリー・ジェームズである。

what to＋動詞

何を〜すべきか

〈what to＋動詞（原形）〉は「何を〜すべきか、何を〜したらよい
か」。what to 〜がひとかたまりで、名詞と同じ働きをします。
ここでは動詞knowの目的語です。

I didn't know what to say to him.
（私は彼に何と言ったらよいのかわからなかった）

Can you tell me what to do next?
（次に何をしたらよいか教えてくれますか）

art 名 技術、コツ、要領
wise 形 賢い、賢明な
overlook 動 見過ごす、目をつぶる

| Think more |

例えば、友人から裏切られ、悪口を言われた場合、人間不信、被害妄想
に陥ってしまう人がいます。これは、友人を過大評価し、完璧な理想を抱
いているからです。

人は自分のためならば、平気で他人を裏切るし、他人の悪口を無責任に言
うと認識していれば、人間不信、被害妄想に陥ることもありません。

自分が人にどう思われているかを気にすることはありません。自分のため
の人生を生きているのであって、他人に評価されるための人生を歩んで
いるのではないのです。

周囲の目を気にして不幸になってしまう人生なんて、あまりにも悲しいと
思いませんか。「まあ、いいじゃないか。人間なんて、世間なんてこんなもん
だ」と見過ごすことも時には必要です。何事に対してもあまり過大な期待
をしないで、お互いに寛容になることが大切です。

16
ウィンストン・チャーチル

A pessimist sees the difficulty in every opportunity; an optimist sees the opportunity in every difficulty.

悲観論者はあらゆるチャンスの中に困難を見出す。
楽観主義者はあらゆる困難の中にチャンスを見出す。

Winston Churchill 1874-1965

イギリスの保守党政治家。第二次世界大戦期の首相としてナチス=ドイツとの戦いを指導し、ルーズベルト、スターリンらと戦後構想を構築した。大戦でのドイツ降伏直後の選挙で労働党に敗れ退陣。

every opportunity

あらゆるチャンス

every は「あらゆる、すべての」という意味の形容詞です。複数の
ものを指しますが、一つ一つに着目するため、あとに続く名詞は単
数形になります。

We have thought of every possible way.
（我々はあらゆる可能性を考えてみた）

**Every man is a fool sometimes, and none at all
times.**
（誰もが時々愚かになるが、常に愚かな者はいない）

pessimist 名 悲観論者、厭世家
⇔ **optimist** 名 楽観主義者、楽天家
difficulty 名 困難、問題
opportunity 名 機会、好機、チャンス

| Think more |

悲観論者はあらゆることに対してマイナスにとらえてしまう悲観的な人で
す。これは、あくまでも自分自身が作り上げた世界観にすぎず、このような
厭世的なマイナスな後ろ向きの世界観を持つ人は、チャンスが巡ってきて
も失敗を恐れてしまい、自分の置かれているシンプルな状況を自ら困難に
してしまう傾向があり、結果的には、不幸な人生を歩むことになります。

楽観主義者はどのような困難な状況に置かれても、夢と希望を捨てず、自
分の目的や理想を達成するためには、どんな些細なチャンスであっても見
逃さず、失敗を恐れずに挑戦します。たとえ失敗しても、他人の目を気にせ
ずに、積極的に行動することが大切です。

その結果、失敗を重ねながらも、あらゆる困難を乗り越えて目標を達成し、
幸せな人生を歩むことができるのです。

17
ジョージ・エリオット

It will never rain roses: when we want to have more roses we must plant more trees.

バラが空から降ってくることはない。
もっとバラが欲しければ、もっと多くの木を植えなさい。

George Eliot 1819-80

イギリスの女流作家。本名はメアリー・アン・エヴァンズ（Mary Anne Evans、マリアン Marianないしメアリー・アンMary Annとも）。ヴィクトリア朝を代表する作家の一人。男性名のペンネームのジョージ・エリオットを用いて、1857年に中編『エイモス・バートンの悲劇』を発表し、小説家デビューした。

more roses

もっとたくさんのバラ

〈more＋名詞〉は「より多くの〜、もっとたくさんの〜」。moreは形容詞で、「たくさんの」という意味を表すmany・muchの比較級です。

If I had more time, I would try to learn Korean.
（もっと時間があったら、韓国語を学んでみたいのだが）

I hear more and more people are staying single.
（独身を通す人が増えているそうだ）

rain 動 （雨のように）降らせる、降り注ぐ
plant 動 植える

| Think more |

同じ不幸な状況や境遇、恵まれない環境の中でも、自分を取り囲んでいるマイナスの状況をプラス思考で受けとめて、成長の糧、飛躍の礎としてしまうポジティブな生き方のできる人がいます。そのような人に共通するのは、レジリエンス（resilience）です。

レジリエンスとは、「逆境を跳ね返す力」「逆境や強いストレスにあっても、折れずに、復元できる力」のことです。

これは、人間には誰にでも潜在的に備わっているものですが、現代人は、様々なストレスに押し潰されてしまっている結果、この潜在能力が弱められ、忘れられてしまう傾向があります。

18
サミュエル・ジョンソン

Self-confidence is the first requisite to great undertakings.

自信を持つことが、偉業を成し遂げるための第一の条件だ。

Samuel Johnson 1709–84

イギリス・スタッフォードシャー州出身。「英語辞典」の編纂で知られる文学者（詩人、批評家）。主な著書（邦訳書）に『イギリス詩人伝』『ドライデン伝』『スウィフト伝記と詩篇』『ポウプ伝』などがある。

self-confidence

自分に自信を持つこと

self- は「自分自身の、自分自身に対する」という意味で、名詞と連結して使うことができます。self-confidenceは「自分自身に対する自信」という意味です。

She is beautiful and full of self-confidence.

（彼女は美しく、自信に満ちている）

self-realization（自己実現）

self-admiration（自画自賛）

self-responsibility（自己責任）

requisite 名 必需品、必要条件
undertaking 名 事業、企て

| Think more |

人は、困難に直面したとき、「なぜこんなことになってしまったのだろう」「何が原因だったんだろう」と、過去に遡って、失敗の原因を究明したくなります。

しかし、それは無益な行動です。過去は変えることができません。たとえ原因が解明できても、どうしようもないのです。

人の行動は、すべて「目的」によって説明がつくと考える、目的論に根ざしています。私たちにとって大切なのは、過去に遡り「どうしてこうなったか」という原因を究明するのではなく、「これから、この状態で、何ができるか、何を目指すべきか」を考え、前向きに生きることなのです。

19

エルバート・ハバード

A failure is a man who has blundered but is not able to cash in on the experience.

失敗者とは、大失敗をやらかした後で、その経験を生かせない人だ。

Elbert Hubbard 1856-1915

イリノイ州出身。アメリカの思想家、作家。ロイクロフターズ社を創立して、出版業と家具工芸品製造を行った。

have［has］+過去分詞
〜してしまった

〈have［has］+過去分詞〉（現在完了）は「〜してしまった、〜した」という意味です。現在完了は、単に過去の行為や出来事を伝えるのではなく（その場合は過去形を使う）、その結果である現在の状況にスポットをあてた表現です。ここでは、「大失敗をして困難な状況にある」ことを表しています。

He has already left for home.
（彼はもう帰った／ここにはいない）

notes

failure 名 失敗者、落第者
blunder 動 大失敗する、へまをする
be able to 〜 〜することができる、〜する能力がある
cash in on 〜 （利益を得るために）〜を利用する、活用する

| Think more |

過去のマイナスの経験が、トラウマ（心的外傷）になるか、後の人生において成功するための礎石となるかは、その経験の受けとめ方によって異なります。

どのような経験をしたかというよりも、その経験や環境をどのように受けとめたか、認知したか、ということが大切なのです。

同じ逆境を経験しても、前向きに生きている人や、レジリエンス（resilience）の強い人は、マイナスの経験や逆境を、プラスの経験として受けとめることができます。

現代社会において、私たちは、複雑な人間関係、社会情勢の中で生活しているので、様々な逆境やストレスに直面しています。しかし、逆境やストレスを逆手にとって、飛躍するチャンスとして受けとめ、プラスの経験として成長の糧としてしまうような、前向きな生き方、考え方をする習慣をつけることが大切です。この姿勢を支えるのが、レジリエンスです。

20
トーマス・アルバ・エジソン

Many of life's failure are people who did not realize how close they were to success when they gave up.

人生で失敗した人たちの多くは、自分がどれくらい成功に近づいているかに気づかず、あきらめてしまった人たちだ。

Thomas Alva. Edison 1847-1931

アメリカ合衆国の発明家、起業家。スポンサーのJPモルガン、秘書のサミュエル・インサル、そしてメロン財閥と、アメリカの電力系統を寡占。「天才とは99％の努力と１％のインスピレーションからなる」と信じ、「私は発明を続ける金を手に入れるために、いつも発明する」と公言していた世紀の大発明家である。

how close ＋ 主語 ＋ 動詞

どれくらい近づいているか

〈how close＋主語＋動詞〉は「（主語が）どれくらい近く〜か」。
疑問詞（how）が導く節は名詞の働きをし、動詞（realize）の目的語
になります。

Do you know how much I love you?

（私がどれくらいあなたを愛しているかわかりますか）

I realized how important it was to keep on trying.

（私は、努力し続けることがどれほど大切かを実感した）

realize 動 気づく、実感する、悟る
close 形 近い、接近した
success 名 成功、成就
give up あきらめる、断念する

| Think more |

例えば、小説家として成功するためには、芥川賞などの文学賞を受賞することが成功につながる第一歩となりますが、ピアニストとして成功するための第一歩はコンクールで入賞し、音楽の世界で才能、能力を認められることです。ただし、小説家にしてもピアニストにしても、受賞してからも多大な試練を乗り越えていかねばなりません。弁護士、医師、大学教授などに関しても同じことがいえるでしょう。

高度な専門的な技能を求められる職業に就くためには、多くの失敗、挫折を重ね、その過程で様々なことを学びながら、目標に向かって日進月歩、努力を重ねていく必要があります。目標達成の半ばであきらめる人のほうが圧倒的に多いのです。あきらめの根底に「絶望」のある人と、あきらめの根底に「不屈の希望」のある人がいるのです。

自分が没頭できる専門分野で成功するためには、才能、能力、努力以外に、チャンスにも恵まれなければなりません。あきらめの根底に「不屈の希望」のある人は、将来必ず成功するでしょう。

21

ハリエット・ビーチャー・ストウ

Never give up, for that is just the place and time that the tide will turn.

決してあきらめてはいけない。なぜならば、ちょうどその場所でそのときに流れが変わるのだから。

Harriet Beecher Stowe 1811-96

アメリカ合衆国の奴隷制を廃止するのに尽力した人物であり、作家でもある。『アンクル・トムの小屋』(Uncle Tom's Cabin)が代表作。ストウ夫人とも呼ばれた。

for

その理由は

for は「というのは…だから、その理由は…だから」。
発言の根拠や、判断の理由などを述べるときに使う接続詞です。

We shouldn't criticize her, for we don't know her that well.

（私たちは彼女を批判すべきではない。彼女のことをよく知らないのだから）

tide 名 潮の干満、潮流

〈例〉 **The tide must be taken when it comes.**
（潮の流れには従わなければならない）

〈例〉 **They know how to swim with the tide.**
（彼らは時流に乗るのがうまい／要領がいい）

| Think more |

全身全霊を集中しているとき、突然、「永遠の時間が一瞬に収まり、一瞬が永遠の時間を包む」ような時間の流れを体験することがあります。そんなとき突然、新奇なアイディアがひらめき、一瞬のうちに難問を解決する見通しがついたりします。

今思えば、この一瞬のひらめきこそ、自分の人生の危機を回避して、幸せな人生に導いてくれたものではないかと思います。

特に、危機的状況、土壇場の状況に追い込まれたときに、この圧縮された濃密な時間の束と集中力から生まれた一瞬のひらめきによって、私は何度も救われ、人生の危機を乗り越えることができました。この根底には、「決してあきらめてはいけない」という強い信念があったのかもしれません。

22
サミュエル・スマイルズ

Lost wealth may be replaced by industry, lost knowledge by study, lost health by temperance or medicine, but lost time is gone forever.

失った富は勤労によって、失った知識は勉学によって、失った健康は節制や医薬によって取り戻せるかもしれないが、失われた時間は永遠に帰らない。

Samuel Smiles 1812–1904

英国の作家、医者。スコットランド・ハディントン生まれ。当初エディンバラで医者を開業したが、後に著述に専念するようになった。1858年にジョン・マレー社から出版した『自助論』(Self-Help)が代表作。

may

そうかもしれない

may は「〜かもしれない、〜の可能性がある」。推量・可能性を表す助動詞です。話し手の確信度は5割といったニュアンス。過去形のmightもほぼ同じ意味で使います。

Taxis may not drive along this street.

（この通りにはタクシーは来ないかもしれない）

A mouse may help a lion.

（ネズミがライオンを救うこともある）

lost 形　失われた、なくなった

wealth 名　富、財産

replace 動　元（の位置）に戻す

industry 名　勤労、勤勉、精励

knowledge 名　（研究・経験などから得た）知識、知恵

temperance 名　節制、自制

medicine 名　医薬、医療

| Think more |

過去のマイナスの経験を、怨み悔やんでも仕方がありません。済んでしまったことは仕方がない、その経験を礎石にして次の飛躍に生かせばいいのです。過去に自分を陥れ、誹謗中傷した人を思い出して苦悩することも、貴重な時間の浪費です。復讐することを考えるのも時間の無駄です。過去は過ぎ去ったことであり、取り返しがつかないことなのです。

また、これから起きるかもしれない出来事に対して、不安を抱いて悩んでも仕方がありません。大切なのは、今です！　自分が生きているこの時間なのです。

失われた時間は永遠に戻らないのです。人間は限られた時間しか生きられません。幸せな人生を送るためにも過去は切り捨て、充実した現在を生きていきましょう。

23
ウィル・ロジャース

A man only learns in two ways, one by reading and the other by association with smarter people.

人は二つの方法でしか（人生を）学ばない。一つは読書によって、もう一つは自分より賢い人たちとの付き合いによってである。

Will Rogers 1879-1935

アメリカ合衆国のコメディアン、ユーモア作家、社会評論家、舞台俳優。71作品の映画を作った。

one / the other

一方／他方

二つのうちの「一つ」はone、「他のもう一つ」はthe otherで表します。anotherは「別の不特定の一つ」「（同類の）別のもの」を表します。混同しないように注意しましょう。

We have two cars. One is my mother's and the other is my brother's.

（うちには車が2台ある。1台は母ので、もう1台は弟のだ）

There are two supermarkets near here. One has much more customers than the other.

（近くにスーパーが2店ある。一方は他方よりずっと客が多い）

When one god deserts you, another will pick you up.

（捨てる神あれば拾う神あり）

notes

association 名 交際、付き合い、交友関係

smart 形 賢い、頭が切れる

| Think more |

自分の生き方や方向性に疑問を持ち、人生に悩むことがあったら読書をしましょう。古今東西を問わず、偉人たちが優しく語りかけてくれるでしょう。

自分より賢い人たちとの付き合いを通して、貴重な人生のヒントを学ぶことができます。

私自身も、自分より賢い人たちとの交流を通して、幸せな充実した人生を歩むことができました。大学時代に、優秀な教授たちや自分よりも賢い友人に恵まれたことに心から感謝しています。彼らから多くのことを学ぶことができ、そしてまた助けられました。

自分の好きなこと、熱中、没頭できることを職業にすることができたのも、自分より賢い人たちのおかげです。

A journey of a thousand miles begins with a single step.
千里の道も一歩から

A journey of a thousand li starts beneath one's feet.
千里の行も足下に始まる

物事は着実に一歩一歩進めていかなければならないという意味です。『老子』の一節で、「千里の行も足下に始まる」によります。例えば、英語学習においても、毎日欠かさずNHKテレビのニュースを英語音声に切り替えて聴く習慣をつけてください。私は、録画しておいて2回繰り返して40年以上聴き続けています。それ以外にもインターネットでNHK WORLD JAPANも毎日欠かさず聴いています。未知の単語やフレーズに出会ったら必ず辞書を引いて確認する習慣をつけてください。毎日欠かさず一歩一歩、歩んでいくのです。筋トレと同じです。

A hard worker will never know poverty.
稼ぐに追いつく貧乏なし

Hard work has a future payoff. Laziness pays off now.
一生懸命働けば、将来報われる。怠惰はすぐに報われる

明確な目的を目指して、一生懸命に努力すれば、将来必ず報われるという意味です。勤労、勤勉の成果は、いつか将来報われるが、怠けることからは、即座の満足感しか得られないという意味です。英語学習に関しても同じことがいえるでしょう。毎日コツコツと継続する習慣を身につけることが大切なのです。このことは英語学習のみならず、すべてのことに共通していえることです。学生時代に毎日、法学、政治学、社会心理学、哲学などの勉強に没頭しました。これらの知識が、社会人になって逆境に直面したときに何度も私を救ってくれました。一生懸命に勉強していて本当に良かったと思います。

The secret to success

成功の秘訣

Anatole France
Ralph Waldo Emerson
Florence Nightingale
Alfred de Vigny
Theodore Roosevelt
Oliver Wendell Holmes Sr.
Robert Louis Stevenson

24
アナトール・フランス

To accomplish great things, we must not only act but also dream; not only plan but also believe.

偉大なことを成し遂げるためには、行動するだけではなく夢見ることも必要だ。計画するだけではなく、信じることも必要である。

Anatole France 1844-1924

フランスの詩人、小説家、批評家。本名はジャック・アナトール・フランソワ・ティボー。代表作に『シルヴェストル・ボナールの罪』『舞姫タイス』『赤い百合』『エピクロスの園』『神々は渇く』などがある。ノーベル文学賞を受けた。芥川龍之介が傾倒。

not only A but also B

Aだけではなく B も

not only A but also B は「Aだけではなく B も、A のみならず B も」。also は省略してもかまいません。

Shakespeare was not only a writer but also an actor.
（シェイクスピアは、作家だけでなく俳優でもあった）

His comics are popular not only in Japan but also abroad.
（彼の漫画は、日本のみならず海外でも人気がある）

accomplish 動 成し遂げる、成就する
〈例〉**He accomplished the feat at 14 years and 5 months old.**
（彼は14歳5か月でこの偉業を成し遂げた）

act 動 行動する、実行する

dream 動 夢見る、思い描く

| Think more |

偉大なことや自分の人生の究極の目的を達成するためには、その目的を達成できることを信じ、目的を達成したときの自分の姿を夢見ながら、一歩一歩困難を克服していくことです。そうすれば、偉大なことや、自分が人生の究極の目的と信じていることを必ず実現することができるでしょう。

夢や人生の目標を持って前向きに生きていると、ストレスや不安や悩みがあっても強烈なレジリエンス（復元力）によって、はねのけることができます。

心理学の原因帰属理論で考えてみると、楽観的思考をする人は、成功したときに成功の原因を内的（自分自身に原因がある）・永続的（これからも長く続く）・普遍的（あらゆる場合に作用する）にとらえます。人生の目的や偉大なことを達成するためには、実現可能性を信じ、夢見ながら、前向きに生きてゆくことが大切です。

25
ラルフ・ウォルドー・エマーソン

Be active, be energetic, be enthusiastic and faithful, and you will accomplish your object.
Nothing great was ever achieved without enthusiasm.

行動的で、精力的で、情熱的で、そして誠実でありなさい。そうすれば、目標を達成できるでしょう。
熱意なしに偉業が達成されたことはない。

Ralph Waldo Emerson 1803-82

マサチューセッツ州ボストンに生まれ、18歳でハーバード大学を卒業し、21歳まで教鞭をとる。その後ハーバード神学校に入学し、伝道資格をとり牧師となる。アメリカ合衆国の思想家、哲学者、作家、詩人、エッセイスト。無教会主義の先導者。超絶主義、個人主義を唱え、アメリカ文化の独自性を主張した。エッセイの代表作に"Self-Reliance" "The Over-Soule" "Circles" "The Poet" "Experience"がある。

nothing 〜 without ...

…がなくては何も〜ない

nothing 〜 without ... は「…がなくては何も〜ない」。否定を表す語を重ねて（二重否定）、肯定の意味を強調しています。
ここでは、「偉業を達成するには熱意が必要」という意味です。

Nothing happens without a purpose.
（目標がなければ何も始まらない）

There can be no growth without reforms.
（改革なくして成長なし）

energetic 形 精力的な、エネルギッシュな
enthusiastic 形 熱心な、熱狂的な
faithful 形 誠実な、忠実な
object 名 （行為などの直接の）目的、目標
enthusiasm 名 熱狂、情熱、熱意

| Think more |

困難なことであるが、実現不可能ではないと信じて目的を追求しているときや、達成の歓びを味わうために何かに情熱を傾けているときに、人は至上の幸福を感じることができます。

このような幸福感や充実感を覚えながら、仕事に打ち込んでいると、人は行動的になり、精力的になります。

他者に対しても情熱や誠意が伝わり、共感を得ることができるでしょう。偉業を達成するためには、仲間たちからの共感、協力も大切な要因です。

26
フローレンス・ナイチンゲール

I attribute my success to this: I never gave or took any excuse.

私の成功の原因はこれだ。私は決して自分で言い訳をしなかったし、他人の言い訳を決して受け入れなかった。

Florence Nightingale 1820-1910

イギリスの看護師で、医療改革に尽力した人物。クリミア戦争に看護師団を引き連れて赴き、戦場で心も体も傷ついた戦士たちを勇気づけ「戦場の天使」と称賛された。

attribute A to B

Aの原因はBにあると考える

attribute A to B は「Aの原因はBにあると考える、AはBの結果であると考える」。主語の主観的な意見・考えを述べるときに使います。

He attributed his success to the support from his family.

（彼は自分の成功は家族の支えのおかげだと考えた）

Her doctor attributes her health problems to a poor diet.

（医者は彼女の体の不調は偏った食事に原因があるとした）

notes

excuse 名 言い訳、弁解、口実

〈例〉 **Don't give me excuses.**
（言い訳はやめてくれ）

〈例〉 **Bad excuses are worse than none.**
（下手な言い訳は、しないよりも悪い）

| Think more |

物事がどうしても思い通りにならないとき、人間は自然と「なぜなの？ 原因はどこにあるの？」と自問自答します。心理学では、これを「原因帰属」と呼び、個人の行動を方向づけるものとしてとらえています。

心理学には、ミスや失敗の原因をどこに求めるかという「原因帰属理論」があります。それによると、失敗の原因を自分以外の他者や状況、組織などに求める「外的帰属」と、自分自身に求める「内的帰属」があります。

前者は、自分の失敗を周囲の責任に転嫁するような「言い訳」になるのに対し、後者は、言い訳をせず、自分の非を認め、反省して、再び失敗を繰り返すことはなく、今後の成長につながる可能性があると考えられます。

27
アルフレッド・ド・ヴィニー

Greatness is the dream of youth realized in old age.

偉大なこととは、若いときに抱いていた夢を年老いてから実現することである。

Alfred de Vigny 1797-1863

フランスの作家、劇作家、詩人、貴族（伯爵）。『赤い封印』『赤い封蝋』『軍隊の服従と偉大』などがある。

the dream realized in old age

老いて実現された夢

the dream of youth を **realized in old age** が後ろから修飾しています。過去分詞（realized）には、「〜された」の意味で名詞を修飾する形容詞の働きがあります。

I think Mt. Fuji seen from here is the best.

（私はここから見る富士山が最高だと思う）

The food served thirty minutes ago has become cold.

（30分前に出された料理は冷めてしまった）

greatness 名 偉大さ、卓越

youth 名 青春時代、青年期

realize 動 実現する、達成する

old age 老齢、老年期

| Think more |

ハインリッヒ・シュリーマンは、1822年1月6日、北ドイツの小都市に生まれました。彼が7歳のとき、1829年のクリスマスに、父親からイェツラー博士の『子供のための世界の歴史』をプレゼントされました。

このことが契機となり、若い頃に、遺跡発掘に憧れていたシュリーマンは、父親が失業したことが原因で、大学進学を断念しなければなりませんでした。少年時代に抱いたトロイ発掘の夢を実現するのに、40年もの長い回り道をしました。彼は全財産を投げ出して、道楽とか山師と非難されながらも、後半生をトロイ発掘にささげたのです。様々な苦悩に直面しながらも、まさにヴィニーの名言どおり人生の選択を前にして、一度たりとも、ひるむことはなかったのです。

28
セオドア・ルーズベルト

Far and the best prize that life has to offer is the chance to work hard at work worth doing.

人生が与えてくれるすばらしいことの中でも、飛びぬけてすばらしいことは、やりがいのある仕事に打ち込む機会である。

Theodore Roosevelt 1858-1919

セオドア・ルーズベルトはアメリカ合衆国第26代大統領である。ニューヨーク州知事を経て、共和党から副大統領に当選。その後、マッキンリー大統領の暗殺後、大統領に。

the chance to ＋動詞

〜する機会

〈the chance to＋動詞（原形）〉は「〜する機会、チャンス」。
to以下で、何をするchanceかを表します。〈to＋動詞の原形〉（不定詞）が後ろから名詞を修飾する形です。

There is always a chance to be happy.

（幸せになるチャンスは常にある）

You never get a second chance to make a good first impression.

（良い第一印象を与える機会は一度だけ）

far 副 はるかに、大いに
prize 名 すばらしいもの、努力して獲得する価値のあるもの
offer 動 提供する、差し出す
worth 〜ing 〜する価値がある
〈例〉**It is worth attempting even if we fail.**
（たとえ失敗しても、やってみる価値はある）

| Think more |

自分の人生の目的と仕事が一致すると、仕事にやりがいを見出すことができます。自分の専門性や自分が興味や関心を持っていることを仕事にすることができれば、その人は幸福な人生を送ることができるでしょう。

自分の意思でする仕事は達成感があり、心も満たされます。アリストテレスは「真の音楽家とは音楽を楽しむ者であり、真の政治家とは政治を楽しむ者である」と言いました。自分がしていることを楽しめるのは、能力の証だと。

やりがいのある仕事をして幸福な人生を歩むためには、まず「行動」を起こすことが必要です。幸福とは与えられるものではなく、自分の意思によって創り出すものです。自ら行動し、自らの手でつかみ取るものです。

29
オリバー・ウェンデル・ホームズ・シニア

Don't flatter yourselves that friendship authorizes you to say disagreeable things to your intimates. On the contrary, the nearer you come into relationship with a person, the more necessary do tact and courtesy become.

親しい間柄ならば、相手に失礼なことを言っても許されるだろうなどと、都合よく考えてはいけない。反対に、人と親しい間柄になればなるほど、気配りと礼儀がなお一層求められるようになる。

Oliver Wendell Holmes Sr. 1809–94

アメリカの作家、医学者、大学教授。マサチューセッツ州ケンブリッジ出身。『朝食テーブルの独裁者』を始めとする「朝食テーブル」シリーズの著者として知られる人物であり、19世紀の最も優れた作家の一人と称されているほか、医学の改革者とも呼ばれている。ハーバード大学医学部卒業。ダートマス医科大学院や母校のハーバード大学医学部教授などを歴任。

authorize＋O＋to＋動詞

Oに〜することを許可する

〈authorize＋O＋to＋動詞（原形）〉は「Oに〜することを許可する」。authorizeは「（公的・法的に）権限を与える、認可する」という意味で、ビジネスや正式な場でよく使います。

The law authorizes policemen to carry guns.
（法により警察官は拳銃の携帯が認められている）

AUTHORIZED PERSONNEL ONLY
（関係者以外立入禁止【掲示】）

flatter oneself 都合よく思い込む、いい気になる、うぬぼれる
disagreeable 形 不愉快な、いやな
intimate 名 親友、腹心の友
on the contrary それどころか
necessary 形 必要な、なくてはならない
tact 名 気配り、如才なさ
courtesy 名 礼儀正しいこと、丁寧

| Think more |

「親しき仲にも礼儀あり」という言葉があります。どんなに親しい友だち、親子、夫婦、近親者であっても、親しいからといって、遠慮のない、失礼な言動は決して許されません。特に、相手のプライドや心を傷つけるようなことがあってはなりません。

誰にでも触れられたくないことはあります。人間の心はガラス細工のように繊細で、一度壊れてしまったものは二度と元には戻りません。自分が最も大切にしている人であればこそ、一定の距離と礼節を保つことが大切なのです。

30
セオドア・ルーズベルト

The most important single ingredient
in the formula of success is knowing
how to get along with people.

成功の秘訣の最も重要な一つの要素は、人とうまくやっ
ていく方法を心得ていることである。

Theodore Roosevelt 1858-1919

アメリカ合衆国第26代大統領。大統領就任までに市、州、連邦政府での要職に
就いていた。クマのぬいぐるみの「テディベア」は、ルーズベルトのクマ狩りのエピ
ソードに由来する。

how to＋動詞

〜する方法

〈how to＋動詞（原形）〉は「どのように〜したらよいか、〜する方法」。方法や手順を記した入門書、実用書などをhow-to book「ハウツー本」と言います。

I learned how to make soup stock from my mother.

（私は母からだしの取り方を習った）

Our further question is how to find a sponsor.

（我々の次なる問題は、いかにしてスポンサーを見つけるかだ）

notes

ingredient 名 構成要素、なくてはならないもの

formula 名 秘訣、策

get along with 〜 〜と仲良くやっていく、うまく付き合う

〈例〉 **Do you get along with your colleagues?**
（同僚たちとは仲良くやっていますか）

| Think more |

人間が生きていくうえで、他者とつながっていることは、人生の目的を達成することや成功するために最も重要な要素の一つです。

時々、自分の友人や知人の名前、自分を助けてくれた恩人の名前、自分を支えてくれている人たちの名前を書きだしてみましょう。

自分の人生の目的や成功のために、どれだけ多くの人々に支えられているかがわかるでしょう。そして、改めてその人々に心から感謝することも大切です。

人間は一人では生きていけません。ましてや自分の人生の目的を達成することや成功するためには、多くの人たちの共感、協力が必要なのです。

31
ロバート・ルイス・
スティーヴンソン

Don't judge each day by the harvest you reap, but by the seeds you plant.

毎日を収穫高で判断するのではなく、どれだけ種をまいたかで判断しなさい。

Robert Louis Stevenson 1850-94

イギリスのスコットランド、エディンバラ生まれの小説家、詩人、エッセイストである。代表作に冒険小説『宝島』『ジキル博士とハイド氏』など。

judge ～ by...

～を…で判断する

judge ～ by... は「～を…で判断する、評価する」。

このbyは、「…に従って、基づいて」という意味で準拠を表します。

It is often a mistake to judge others only by their appearance.

（人を見かけだけで判断すると、間違いを犯すことが多い）

We tend to judge things by our own standards.

（私たちは自分の物差しで物事を測りがちだ）

notes

harvest 名 収穫、収穫高
reap 動 刈り取る、収穫する
seed 名 種、種子
plant 動 植える、まく

| Think more |

聖書の中にも「種をまく」ことに関する話があります。良い土の上にまかれた種は、最終的には、何十倍、何百倍、何千倍もの収穫をもたらすことになります。このことは、教育に関しても当てはまると思います。

自分の人生の目的のために、あるいは自分が特に興味を抱いている専門分野を深く研究するために、日々本を読み続けることを通して、自分の人生の目的となる仕事を見つけることができるかもしれません。

そのために注ぎ込んだ時間、努力、金銭や授業料は、何十倍、何百倍、何千倍にもなって回収できるでしょう。

この本の読者の中にも、大学に支払った授業料が少なくとも、数百倍、数千倍になって回収できている人がいると思います。

Spilt water does not return to the basin.
覆水盆に返らず
...

It's no use crying over spilt milk.
こぼしたミルクを嘆いても仕方がない

過去のこと、すでに起きてしまったことを嘆いても無駄であるという意味です。ポジティブ心理学では、過去のマイナスの経験をプラス思考で乗り越え、これからどうするかを考えることが大切だと考えています。過去は変えることができません。マイナスの経験をプラス思考で受けとめ、新たな一歩を踏み出すことが大切なのです。

Do not fail to catch a good opportunity.
好機逸すべからず
...

Opportunity seldom knocks twice.
チャンスは二度と巡ってこない

機会を逃すなという意味です。チャンスが巡ってきたときのために、実力を蓄えておくことが、幸運をつかむコツだと思います。千載一遇のチャンスが巡ってきても、何の努力もしていなかったら、そのチャンスに飛びついても、逃げられてしまいます。人生の目的に向かって、前向きに日々努力を重ねている人にはチャンスが巡ってきたとき、その好機をしっかりとつかまえて、飛躍することができるのです。

chapter

Live your life
自分の人生を生きる

George Eliot
Albert Einstein
Mahatma Gandhi
Robert Louis Stevenson
William James
Ernest Hemingway
Voltaire
Abraham Lincoln
Samuel Butler

32
ジョージ・エリオット

It is never too late to become what you might have been.

なりたかった自分になるのに、遅すぎるということはない。

George Eliot 1819-80

イギリスの作家。本名はメアリー・アン・エヴァンズ（Mary Anne Evans、マリアン Marianないしメアリー・アン Mary Annとも）。ヴィクトリア朝を代表する作家の一人。妻子のある哲学者ジョージ・ヘンリー・ルイスと恋仲になり、以後24年間生活をともにしたが正式に結婚はしなかった。男性名のペンネームは彼の名前からとったもの。

too 〜 to＋動詞

…するには〜すぎる

〈too 〜 to＋動詞（原形）〉は「あまりに〜なので…できない、…するには〜すぎる」という意味です。「〜」には、形容詞または副詞を入れます。

Life is too short to look back.

（人生は短いのだから後ろを振り返ってなどいられない）

might have 〜 〜したかもしれない
〈例〉I might have hurt her feelings.
（ぼくは彼女の気持ちを傷つけてしまったのかもしれない）

| Think more |

なりたかった自分になるということは、自分の人生の目的を達成することや自己実現することです。自分の本当にやりたいことや天職を見つけて「この仕事がおもしろくてたまらない」という人は、なりたかった自分になれた、幸せな人であると思います。

このような人生を送るためには、前向きでポジティブな感情を持って、確固たる自分の人生の目的に向かい、夢を持って、何かに没頭することが大切です。自分の好きなことを仕事にしたいという願望を持って人生を歩んでいれば、目標達成の過程においても、幸せな時間を過ごすことができるのです。

アメリカの心理学者マズロー（1908-70）は、人間の欲求を階層的にとらえました。生理的欲求が充足されて初めて安全欲求が動機づけされ、同じように安全欲求から愛情欲求へ、さらに承認欲求へと向かって、最後にこれまでの4種の欲求とは質的に異なり、自己の可能性を実現することで得られる生命の歓びやエクスタシーを志向するようになるとされています。

これが自己実現欲求です。マズローは、自己実現で得られる至高体験こそが健全な人格の条件であるとしています。

33
アルバート・アインシュタイン

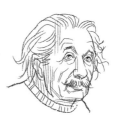

The more I learn, the more I realize I don't know.
The more I realize I don't know, the more I want to learn.

学べば学ぶほど、自分がどれだけ無知であるかを思い知らされる。
自分の無知に気づけば気づくほど、より一層学びたくなる。

Albert Einstein 1879-1955

20世紀史上、最も深い考えを持っていた理論物理学者。特殊相対性理論、一般相対性理論を唱える。1921年にノーベル賞を受賞。その科学的な成果のみならず、ユニークな哲学者としても知られ、大らかな人間性を持っていた。

the more 〜, the more …

〜すればするほど、ますます…

〈the＋比較級〜, the＋比較級…〉は「〜すればするほど、ますます…」。程度がだんだんに増すこと（漸増）を表します。

The more you get, the more you want.
（手に入れれば入れるほど、もっと欲しくなる／欲望には際限がない）

The greater your hopes, the greater your disappointments.
（期待が大きければ大きいほど、失望も大きい）

notes

learn 動 学ぶ、知る、わかる
〈例〉**It's never too late to learn.**
（学ぶのに遅すぎるということはない／60の手習い）

| Think more |

人間には、知識欲やあくなき探求心があります。前向きな気持ちで自分の興味のあることを学んでいると、そのことに没頭して、他のことをすべて忘れて集中してしまうことがあります。これはアインシュタインに限らず、多くの科学者、研究者に共通するものだと思います。

勉強や研究など、目に見える直接的な報酬がない行為を地道にやり続けることができるのは人間だけです。私たちの脳が快楽を感じる直接の源となっている物質が、「快楽物質」と呼ばれる「ドーパミン」です。

ドーパミンがうまく働いている限り、私たちの脳は頑張って何かを達成することに快楽を感じ、努力を続けることができるのです。

私たちの大脳は、中脳から送られてくるドーパミンの助けなしには、物事を決定したり、行動を繰り返し実行することができないのです。

34

マハトマ・ガンジー

Live as if you were to die tomorrow.
Learn as if you were to live forever.

明日死ぬと思って生きよ。
永遠に生きると思って学べ。

Mahatma Gandhi 1869-1948

ガンジーは、貧困の緩和、女性の権利拡大、宗教間・人種間の融和、不当なカースト制度の廃止などを提唱する全国的な運動を主導しながら、インドを植民地支配から解放するために非暴力・不服従の原則を徹底的に実行した。

as if ＋ 仮定法

まるで…であるかのように

〈as if＋仮定法〉は「まるで…であるかのように」。仮定法は、現実ではないことや、起こりそうもないことを仮定して述べる表現。動詞は過去形（were）になります。

He speaks English fluently as if it were his native tongue.

（彼は英語を、まるで母国語のように流ちょうに話す）

I still remember the day as if it were yesterday.

（その日のことは、今でも昨日のことのように覚えている）

be to ～ ～する予定である、～することになっている
〈例〉**We are to discuss the problem next week.**
（その問題は来週話し合うことになっている）
forever 副 永遠に、永久に

| Think more |

若い頃から、特に大学に入学したときから、私は充実した毎日を過ごそうと思っていました。勉強もそれまで以上に頑張ったように思います。

「大学に入ってからも勉強するなんて、馬鹿だ。大学は、遊ぶところだ」と何度も言われました。だから時々、自分の生き方が間違っているのではないかと不安になることがありました。

でも今思えば、18歳のときから自分の興味ある英語や社会心理学などの勉強に没頭していて良かったと心から思います。若いときに必死に努力したことが、大学教授を定年退職してからも、今の自分の人生の仕事を支えてくれていることに対して、毎日心から感謝しています。

若いときに勉強していて本当に良かったと、しみじみと思う今日この頃です。

35
ロバート・ルイス・
スティーヴンソン

To travel hopefully is a better thing
than to arrive.

希望に満ちて旅をすることは、目的地に到達するより
ずっといい。

Robert Louis Stevenson 1850-94

イギリスのスコットランド、エディンバラ生まれの小説家、詩人、エッセイスト。弁
護士の資格も持っていた。誰もが一度は少年時代に胸躍らせたであろう少年向
けの冒険小説『宝島』や、怪奇小説の代名詞『ジキル博士とハイド氏』など、世界
中で愛読されている。

A ... 比較級＋than B

AはBよりも〜

〈A...比較級＋than B〉は「AはBよりも〜」。2つのものを比較して述べるときに使います。betterはgoodの比較級です。

Prevention is better than cure.

（予防は治療に勝る／転ばぬ先の杖）

Male birds are usually more brightly colored than female birds.

（鳥の雄は、たいてい雌より色鮮やかだ）

The pen is mightier than the sword.

（ペンは剣よりも強し）

notes

hopefully 副 希望を持って

arrive 動 着く、達する

| Think more |

希望に満ちて人生の旅をすることは、前向きな気持ちで人生の目的に向かっていることです。自分の本当にやりたいことや天職を見つけて、その仕事をして幸せな人生を送るために、たとえ苦難の道を歩んでいようとも、その過程において幸福感や充実感を感じることができるでしょう。それは、目標を達成したときの満足感に勝るとも劣らない境地でしょう。

これまでの人生を振り返りながら、嫌なことや不幸なこともあったかもしれませんが、至福のときが自分の人生にもあった、ということを思い出すことができると、「自分の人生も決して悪いものではなかった」と、これまでの人生を肯定することができるでしょう。

そうすれば、「自分の人生を自分で作っていこう」という前向きな気持ちになり、幸福感に包まれることでしょう。

36
ウィリアム・ジェームズ

This life is worth living, I can say, since it is what we make it.

この人生は生きる価値があるといえるだろう。
なぜならば、人生は自分が作るものだからである。

William James 1842-1910

ハーバード大学で心理学・哲学の教授を務める。ジェームズによれば、ある知識
や理論が真理であるかどうかは、それに従って実際に行動したときに望ましい結
果が得られるかどうかで、有用であるかどうかが決まるとする。つまり有用性が、
真理であるか否かの基準となるのである。

since

…だから

since は「…だから、…である以上」。原因・理由を表す接続詞です。通例、聞き手もわかっていると思われる理由を述べるときに使います。「ご存じの通り…なのだから」といったニュアンスです。

Since you've promised, you have to do that.
（約束した以上、あなたはそうしなければならない）

Since there are few jobs available in the rural areas, many young people move to the cities.
（田舎では求人が少ないから、多くの若者が都会へ移っていく）

worth 〜ing 〜する価値がある
〈例〉**What is worth starting is worth finishing.**
（やり始める価値のあるものは、やり遂げる価値がある）

| Think more |

自分の人生を切り開くのは、自分自身です。だから、自分のための人生は自分自身が作るものでなければなりません。

人間は、自ら運命を切り開く力を備えていると考えられます。過去の経験を経て今日の自分が存在するのであれば、今の自分を変えて新しい自分を作るのも自分自身であると思います。

自己決定をする際には、どのような判断基準で、人生の方向づけをするのかが大切です。世間体や他者からの評価を判断基準にしてはなりません。なぜならば、自分の人生の主役は自分であり、世間体や他者のための人生ではないからです。

37
ウィリアム・ジェームズ

Pessimism leads to weakness,
Optimism leads to power.

悲観主義は人を弱気に導き、楽観主義は人を力に導く。

William James 1842-1910

ウィリアム・ジェームズが提唱したプラグマティズムは、19世紀後半を代表する思想の一つであり、アメリカで生まれた思想である。この思想は、建国以来のアメリカの精神・風土をよく表している。プラグマティズムは、概念の持つ意味を抽象的に理解するのではなく、実際の生活の中で具体的な行為と結びつけて理解しようとするところに特徴がある。

lead to 〜

〜へ導く

lead to 〜 は「〜へ導く、〜へつながる」。lead O to 〜「Oを〜へ導く、〜に至らしめる」の形でもよく使います。

A small mistake can lead to a big failure.
（ささいなミスが大失敗を招くこともある）

You can lead a horse to water, but you can't make him drink.
（馬を水場に連れて行くことはできるが、無理やり水を飲ませることはできない／やる気がない者には指導してもだめだ）

 notes
pessimism 名 悲観主義 ⇔ **optimism** 名 楽観主義
weakness 名 弱さ、弱気
power 名 力強さ、活力

| Think more |

楽観主義は、「とにかくなんとかなるさ」と考えるところがポイントです。ある一定のところで、あとは運を天に任せようと考えるのが楽観主義の本質です。

フランスの哲学者アランの『幸福論』は楽観主義に立っているといわれています。これはポジティブシンキングと共通している点があります。ポジティブシンキングとは、自分の思考、考え方を変えることで、状況自体を変えていけるとする考え方です。

イギリスの哲学者ラッセルの『幸福論』の根幹もポジティブシンキングにあると思います。

楽観主義、ポジティブシンキングは人を前向きにしますが、悲観主義は、人を弱気にし、自分で勝手に不幸な世界観を作り上げ、そこに閉じこもろうとする傾向があります。

38
ウィリアム・ジェームズ

> The greatest discovery of my generation is that human being can alter his life by altering his attitudes.

人は心構えを変えることによって、自分の人生を変えることができる。これは、この時代の最も偉大な発見である。

William James 1842-1910

ハーバード大学で心理学・哲学の教授を務めるとともに、プラグマティズムを提唱した。プラグマティズムという言葉は、実用主義や有用主義、あるいは実際主義とも訳される。この立場は、イギリスの経験主義や、進化論などの影響も強く受けている。それと同時に、アメリカの独立戦争、西部開拓、南北戦争、産業革命などを推進してきたアメリカ人の行動倫理、フロンティア精神を理論化したものと考えられる。

S + is + that 節

Sは…ということである

〈S+is+C〉「SはCである」のC（補語）に文がきた形です。that節〈that+文〉は「…ということ」の意味で名詞と同じ働きをします。

The problem is that we are short of money.
（問題は、私たちは資金が不足しているということだ）

My advice is that you should always set short-term goals.
（私の助言は、常に短期的な目標を立てるべきだということだ）

discovery 名 発見
generation 名 世代、時代
human being 人、人間
alter 動 変える、改める
attitude 名 態度、心構え

| Think more |

「人は心構えを変えることによって、自分の人生を変えることができる」とは、つまり、自分の思考、考え方を変えることで、自分の人生を変えていけるとする考え方です。これはポジティブシンキングのことです。

ポジティブシンキングとは、心理学者のアドラーやラッセル、アランの『幸福論』の中に共通する考え方で、20世紀から今日に至るまで、多くの人たちに生きる勇気、前向きな生き方を与えてきた人生哲学といえるでしょう。

まさにウィリアム・ジェームズの言うように、「この時代の最も偉大な発見である」と思います。

39
アーネスト・ヘミングウェイ

You can't get away from yourself by
moving from one place to another.

あちこち旅をしてまわっても、自分から逃げることはできない。

Ernest Hemingway 1899-1961

アメリカ合衆国出身の小説家。ヘミングウェイによって創作された、独特でシンプルな文体は、冒険的な生活や一般的なイメージとともに、20世紀の文学界と人々のライフスタイルに多大な影響を与えた。1954年にノーベル文学賞を受賞するに至った。作品に『日はまた昇る』(1926)、『武器よさらば』(1929)、『誰がために鐘は鳴る』(1940)、『老人と海』(1952)など。

get away from 〜

〜から逃れる

get away from 〜 は「〜から離れる、逃れる」。
awayは「離れて、遠くへ」という意味の副詞です。

I'd like to get away from work for a while.
（しばらく仕事を離れて休みたい）

**We're planning to stay in Karuizawa during the
summer vacation to get away from the city heat.**
（都会の暑さを逃れるため、夏休みは軽井沢に滞在する予定だ）

---

notes

yourself 代 あなた自身
move 動 動く、移動する
from one 〜 to another ある〜から別の〜へ
〈例〉Genes are passed on from one generation to another.
（遺伝子は世代から世代へと受け継がれる）

| Think more |

旅は人生の比喩的表現と考えると、人生において、自分を含めた人間社会、人間関係などの苦悩から逃げることができない、という意味です。

社会や他者を変えることはできませんが、自分の人生の解釈の仕方を変えることは不可能ではありません。

自分の置かれた環境や、人間関係に対する受けとめ方、物の見方、価値観などを変えることによって、人間関係の悩みや、逆境を解決していくことが大切なのです。

40
ヴォルテール

God gave us the gift of life; it is up to us to give ourselves the gift of living well.

神は私たちに、人生という贈り物を与えてくれた。
充実した人生を自分自身に贈るのは自分次第だ。

Voltaire 1694-1778

フランスの哲学者、作家、歴史家である。本名はフランソア・マリ・アルエ。歴史的には、イギリスの哲学者であるジョン・ロックなどとともに啓蒙主義を代表する人物とされる。1717年にバスチーユ刑務所に投獄されるが、獄中で完成させた戯曲『エディプ』が大反響を呼び、以降ヴォルテールを名のる。

give＋人＋物

（人）に（物）を与える

「（人）に（物）を与える」は〈give＋人＋物〉の語順になります。
人をあとに置く場合は〈give＋物＋to＋人〉とtoを使います。

I gave her an engagement ring.
I gave an engagement ring to her.
（ぼくは彼女に婚約指輪を渡した）

Give me liberty, or give me death. (Patrick Henry)
（我に自由を与えよ。しからずんば死を与えよ
[パトリック・ヘンリー：18世紀のアメリカ合衆国の政治家]）

notes

up to 〜 〜次第で、〜の責任で
〈例〉It's up to you.
（それは君次第だ／それは君に任せる）
live well 充実した人生を送る、よく生きる

| Think more |

過去のマイナスの経験が、トラウマ（心的外傷）になるか、後の人生において、成功するための礎石となるかは、その経験の受けとめ方によって異なります。

例えば、幼児期に親から虐待された経験のある子供や、小学生のときにいじめにあった体験など、マイナスの経験のある子供が、トラウマを受けて、社会に適応できなくなり、大人になっても、暗い過去を引きずっているという話を耳にすることもありますが、実際には、同じようなマイナスの経験をしても、その経験を、プラスの経験として受けとめて、後の人生の飛躍の礎石とする人もいるのです。

41
アーネスト・ヘミングウェイ

Every day is a new day.

とにかく、毎日が新しい日なんだ。

Ernest Hemingway 1899-1961

アメリカ合衆国出身の小説家。シカゴ郊外のオーク・パークに生まれる。医師の
父親より釣りと狩猟の趣味を、母親からは芸術的才能を受け継いだ。1954年に
ノーベル文学賞を受賞する。代表作に『日はまた昇る』(1926)、『武器よさらば』
(1929)、『誰がために鐘は鳴る』(1940)、『老人と海』(1952)など。

a new day

新しい日

〈a＋形容詞＋day〉でいろいろな一日を表すことができます。
「今日は〜な日だ」と言う場合、主語にはtodayのほかにthisやit
も使います。

Yesterday was a busy day.
（昨日は忙しい一日だった）

Today is a big day.
（今日は大切な日だ）

This is a historic day.
（今日は歴史的な日だ）

It's a perfect day for a picnic.
（今日は絶好の行楽日和だ）

I'm having a bad day.
（今日はついていない）

| Think more |

過去は変えることができません。大切なのは、現在の自分の状態のことなのです。「日はまた昇る」ように、毎日が新しい日なのです。

過去の「原因思考」をやめて、これから先どうしたらいいのかを考える「目的思考」になりましょう。何か問題が起きたときに「あのとき、ああしていればよかった」と、どれほど思い悩んだところで、過去は変えられません。過去の栄光や失敗にしがみついても、新たに行動を起こさなければ意味がないのです。

大切なのは、未来のために何をすべきかです。今からあなたがどのように行動するかは、今のあなた次第です。自分の目的を達成するために、自由な一歩を踏み出しましょう。

42
アーネスト・ヘミングウェイ

Now is no time to think of what you do not have.
Think of what you can do with that there is.

今はないものについて考えるときではない。
今あるもので、何ができるかを考えるときである。

Ernest Hemingway 1899-1961

アメリカ合衆国出身の小説家。高校卒業後『カンザス・シティ・スター』紙の記者
となり活躍した。1954年にノーベル文学賞を受賞するに至った。代表作に『日は
また昇る』(1926)、『武器よさらば』(1929)、『誰がために鐘は鳴る』(1940)、『老
人と海』(1952)など。

time to＋動詞

〜すべきとき

〈time to＋動詞（原形）〉は「〜する時間、〜するべきとき」。
〈to＋動詞の原形〉（不定詞）が後ろから名詞を修飾する形です。
no time to〜で「〜する時間はない、〜している場合ではない」という意味になります。

I have no time to explain it to you.
（君にそれを説明している時間はない）

There is no time to lose.
（ぐずぐずしている場合ではない／一刻を争う）

think of 〜 〜について考える、検討する
〈例〉**We have to think of some other way.**
（我々は別の手段を考えなければならない）

| Think more |

私たちは、人生において困難に直面すると、つい、周囲の人、社会、環境、他人のせいにしてしまう傾向があります。また、過去のマイナスの経験、恵まれない家庭環境などを思い出し、苦悩することもあるかもしれません。

しかし人間には、各人それぞれの何らかの能力が与えられています。それらの能力を生かして何ができるかを前向きに考えることによって、自ら運命を切り開く力を備えています。過去の経験を経て今日の自分が存在するのであれば、今の自分を変えて新しい自分を作るのも自分自身であると思います。

43
ジョージ・エリオット

Our deeds determine us, as much as
we determine our deeds.

私たちが行動を決定するように、行動も私たちの人間
性を決めている。

George Eliot 1819-80

イギリスの作家。本名はメアリー・アン・エヴァンズ（Mary Anne Evans、マリアン
Marian ないしメアリー・アン Mary Annとも）。少女の頃は熱心な福音主義者
だったが、父親とともに移り住んだコベントリーで自由思想家のチャールズ・ブレ
イと知り合い、その影響で信仰放棄の転機を迎える。

as much as 〜

〜と同じくらいに

as much as 〜 は「〜と同じくらいに」。2つのものを比べて、その程度・度合いが同じであることを表します。

I like rock music as much as classical music.

（私はクラシック音楽と同じくらいロックが好きだ）

She knows as much as you about Japanese history.

（日本の歴史について彼女は君と同じくらいくわしい）

notes

deed 名 行為、行動

determine 動 決定する、確定する

| Think more |

自分と他者とは違うことを認識することが大切です。他者の性格、行動様式、価値観、考え方などを自分の思い通りにしようとしても不可能です。それと同じく、他人には他人の事情があり、自分と他者は別々の課題を持っています。

職場などで、複数の人たちと接していると、「どうしてあの人は、このような状況で、あのような反応をするのだ？」「なぜ、こんなことを言うのか？」「どうして、わかってくれないの？」など、気になること、思い通りにならないこと、不本意に感じることが多いものです。

これは、恋人同士、友人同士、親子関係においても同様なことです。つまり、他者は自分の思い通りにはならないのです。このようなときには、他人の課題に踏み込むことを避けなければ、人間関係が破綻するか、人間不信になり、神経症に陥ってしまうこともあります。このような場合、自分の事情と他人の事情を分離して考えることが必要なのです。

44
エイブラハム・リンカーン

Character is like a tree and
reputation like its shadow.
The shadow is what we think of it;
the tree is the real thing.

人格は木のようなもので、評判はその影のようなもので
ある。
影は私たちがどう思っているかであって、木が本当の姿
なのである。

Abraham Lincoln 1809-65

アメリカ合衆国の政治家、弁護士である。1862年、南北戦争の最中に奴隷解放
を成し遂げ、アメリカでは最も偉大な大統領といわれている。

like a tree

木のようなもの

likeには、動詞のほかに前置詞もあります。
前置詞のlikeは「～に似た、～のような」という意味です。

She looks like an angel to me.
（彼女はぼくには天使のように見える）

Love is like the measles; we all have to go through it.（Jerome K. Jerome）
（恋は、はしかのようなもの。誰でも一度はかかる
［ジェローム・K・ジェローム：イギリスの作家］）

character 名 人格、性質
reputation 名 評判、世評
shadow 名 影、影法師
real 形 本当の、真の

| Think more |

この場合の影とは「世評」のことです。イギリスの哲学者ラッセルは『幸福論』の中で「世評」について、人の意見を尊重しすぎると幸福になれないと言っています。

「犯罪にならない範囲であれば、世評など尊重しなくてもいい。世評に本当に無関心であることは、一つの力であり、同時に幸福の源泉でもある」と断言しています。

これはまさに、SNSが普及した現在のネット社会の恐怖そのものではないでしょうか。

45
サミュエル・バトラー

Life is like music; it must be composed by ear, feeling, and instinct, not by rule.

人生は音楽のようなものである。
規則によってではなく、耳と感性と本能によって作られなければならないのだ。

Samuel Butler 1835-1902

19世紀後半に活躍した英国の作家。ケンブリッジ大学を卒業するも、父親にならって聖職者になる道を拒み、当時の新興植民地ニュージーランドに入植、牧羊業で財を成し、帰国。絵画、作曲を学ぶも、文筆の道へ。ダーウィン『種の起源』に衝撃を受けつつ、彼の理論に異を唱え、進化論と宗教性の融合を試みる。小説の代表作として、『エレホン』の他に、19世紀イギリス社会・家庭の抑圧性を暴いてヴァージニア・ウルフらの喝采を浴びた『万人の道』(The Way of All Flesh)(1903)がある。

must be＋過去分詞

〜されなければならない

〈must be＋過去分詞〉は「〜されなければならない、〜されるべきである」。mustは、義務・必要を表す助動詞です。

Something must be done before it's too late.

（手遅れにならないうちに、何か手を打たなければならない）

Everyone must be treated equally under the law.

（すべての人は、法の下に平等に扱われなければならない）

notes

compose 動 創作する、組み立てる

instinct 名 本能、衝動

| Think more |

『エミール』の著者である無学の天才、ジャン・ジャック・ルソーは、正式な学校教育はほとんど受けていません。

彼は独学で知識や教養を身につけた人ですが、学問とともに音楽にも興味を抱き、作曲活動もするようになりました。皆さんもよくご存じの「むすんでひらいて」のメロディーは、実はルソーが作曲したオペラの一節なのです。

ルソーは『エミール』の中で、「自然の教育の歩みに沿うのが教育の基本なので、身体の感覚や運動能力が十分に発達すると、それを土台にして知性が発達してくるのだから、最初の時期は特にゆっくりと待たなくてはならない」と強調しています。

ポジティブになれる
ことわざ 4

He who curses someone will see two burial holes.
人を呪わば穴二つ
・・・
The stone you throw will fall on your own head.
投げた石は自分の頭に落ちる

他者を誹謗中傷する人や、他者を陥れたり、いじめたりする人は、決して幸せになれません。他者に対する攻撃が自分自身に向けられて、自己嫌悪に陥ることになるのです。他者を陥れようとして穴を掘っても、結果的に墓穴を掘ることになります。私は大学教授のとき、他者を陥れようとした人間が次々と不幸のどん底へ落ちていく姿を見てきました。

Dust, when accumulated, makes a mountain.
塵も積もれば山となる
・・・
Little strokes fell great oaks.
小さな一撃の繰り返しが、大きな樫の木を倒す

たとえ少しずつでも、継続して行えば、大きな成果を達成できるという意味です。これは特に英語学習にも当てはまると思います。私は、毎日必ず、7時のNHKニュースを英語で聴いています。これは数十年間続いている習慣です。おかげで英語の総合的な力も日々地道に伸びています。細切れ時間を上手に活用すると、毎日少しずつ、英語力を伸ばすことができるのです。

5

Relationship problems

人間関係の問題

Aristotle

Galileo Galilei

Mark Twain

Alfred Adler

Oscar Wilde

Alexandre Dumas

46
アリストテレス

Anybody can become angry — that is easy; but to be angry with the right person, and to the right degree, and at the right time, and for the right purpose, and in the right way — that is not within everybody's power and is not easy.

誰でも怒ることはできる。それは簡単なことだ。しかし、適切な相手に、適切な程度に、適切なときに、適切な目的で、適切な方法で怒るということは、誰にでもできるわけではなく、簡単なことではない。

Aristotle 384-322 B.C.

ギリシアの哲学者。アリストテレスの名言には、「我々の性格は、我々の行動の結果なり」「愛というものは、愛されることによりも、むしろ愛することに存する」などがある。プラトンの弟子であり、ソクラテス、プラトンとともに西洋最大の哲学者の一人とされ、その多岐にわたる自然研究の業績から「万学の祖」とも称される。

not within everybody's power

誰にでもできるわけではない

everybody は「みんな、誰でも」。notと組み合わせると、「誰でも～というわけではない」という意味(部分否定)を表します。
within ～'s powerは「～の力が及ぶ範囲内で」という意味。

Not everybody is satisfied with the status quo.
(誰もが現状に満足しているわけではない)

That's not good news for everybody.
(それはすべての人にとって朗報というわけではない)

degree 名 程度、度合い
purpose 名 目的、意図
within 前 ～の範囲内で
〈例〉 **This is within my expectations.**
(これは想定内だ)

| Think more |

「人の意欲をかきたて、行動を思い通りにコントロールしたいとき、相手が望ましい行動をしたらアメ(報酬)を与え、望ましくない行動をしたらムチ(罰)を与える」これが行動心理学の基本です。

新行動主義の中心的指導者であるスキナー(ハーバード大学教授)は、特に内発的動機づけにおいて、賞を重視し、罰からは何も生まれないと言っています。

教育心理学的視点から見ると、スキナーは、感情的になって人をしかりつけることからはマイナスの効果しか生じないと言っています。

間違いを指摘して、指導してもいいのですが、怒鳴りつけ、感情的に相手を威圧することは相手を萎縮させるだけで、一時的な教育効果はあっても、永続的な教育効果はないと言っています。彼の理論は、「子供はほめて伸ばす」ことが基本になっているのです。

47
ガリレオ・ガリレイ

You can't teach a man anything; you can only help him to find it within himself.

人に何も教えることはできない。できることは、相手の中にすでに存在する力を見出す手助けをすることである。

Galileo Galilei 1564-1642

イタリアの天文学者・物理学者。その業績から「天文学の父」と呼ばれている。金星などの観測から、当時信じられていた天動説は間違いで、コペルニクスの地動説が正しいことを唱えた。

not 〜 anything

何も〜ない

anything は、肯定文では「何でも、どんなものでも」。notと組み合わせると「何も〜ない」という意味（全体否定）を表します。

I don't know anything about it.
（その件に関して、私は何も知らない）

That doesn't solve anything.
（それは何の解決にもならない）

help 〜 to ... 〜が…するのを手助けする、手伝う
〈例〉 **Please help me to either clear the table or do the dishes.**
（テーブルの片づけか食器洗い、どちらかを手伝ってください）

| Think more |

「生活の中での観察から好奇心によって問いが生まれ、そこに答えが発見され、またその過程で新たな問いが生まれていく。このように好奇心からなる連鎖によって学ばせるのが大切である」と、ルソーは『エミール』の中で言っています。これは今でいう「問題発見・解決型学習」の始まりです。

20世紀初めに、アメリカの教育学者デューイは、子供の自発的な疑問や興味・関心を重視して、主体的に学びながら知識を習得させるという「子供中心主義」を提唱しました。教育（Education）の語源は、「人間の中にすでに存在する能力を引き出すこと」ですが、相手の中にある力を発見して、伸ばす手助けをするのが教師の仕事だと思います。

48
マーク・トウェイン

Keep away from people who try to belittle your ambitions.

あなたの野望をけなそうとするような人たちに近づいてはいけない。

Mark Twain 1835-1910

アメリカ合衆国の著作家、小説家。ミズーリ州フロリダ出身。『トム・ソーヤーの冒険』で有名。数多くの小説などを発表、世界中で講演活動を行うなど、当時最も人気のある著名人であった。

people who ...

…する人々

people who ... は「…する人々」。who以下で、どのような人々なのかを説明します。

このwhoは、人を説明するときに使う関係代名詞です。

I'm grateful to all the people who supported me.

（私を支えてくれたすべての人々に感謝している）

There are many people who don't realize that they are prejudiced.

（自分が偏見を持っていることに気づいていない人が多い）

keep away from 〜 〜に近づかない、〜を避ける
belittle 動 けなす、見くびる
ambition 名 野望、大志

| Think more |

ポジティブに前向きに、夢と希望を持って生きている人に対して、嫉妬心からか、非常に不愉快になるような言葉を投げかけ、生きる意欲に水を差すような、つまり「勇気くじき」をするような醜い人間がいます。そのような醜悪な人間の存在は徹底的に無視して、近づいてはいけないのです。

自分のポジティブな生き方を心から信じて、自分の人生を生きていけばいいのです。腹が立ってもそのような人は相手にしてはいけないのです。そのような人はあなたが傷ついて、不愉快な気持ちになるのを望んでいるだけなのです。人に意地悪をする人間は、実は本人自身が傷ついているのです。他人を敵視することは、巡り巡って「自分自身を敵視する」ことになります。結局、自分を深く傷つけることになるのです。

心理学でいう「自己肯定感」を上げていくためには、自分の前向きな気持ちに冷や水を浴びせるようなことを言って、人の足を引っ張るような人との縁を、勇気を持って切ることも必要になるのです。

49
アルフレッド・アドラー

Of all the mistakes made in education, the belief in hereditary limits to development is the worst.

教育においてなされるすべての誤りの中で、遺伝が成長に限界を与えるという考えは最悪である。

Alfred Adler 1870–1937

オーストリア出身の精神科医、心理学者、社会理論家。アドラーは次のように考えている。他人を自分の思い通りに変えることはできない。特に他人の考え・行動や尊敬・愛などの感情は、変えることができないが、自分自身の考え方を変えることはできる。他人の課題に踏み込んではいけない。自分の課題に他人を踏み込ませてはいけない。自分と他人の課題は分離して考えないと、必ず衝突し、人間関係が破綻する原因になる。

the worst

最も悪い

worst はbad／illの最上級（程度が最大であることを表す形）で「最も悪い、いちばんひどい」。
best「最も良い、最高の」の反意語（antonym）です。

Hope for the best. Prepare for the worst.

（最良の事態を願いつつ、最悪の事態に備えよ）

belief 名 （証拠なく真実と）信じること
hereditary 形 遺伝（性）の、遺伝的な

| **Think more** |

「モーツァルトの両親は音楽に関心があったが、モーツァルトの才能は遺伝したものではない。親は彼に音楽に関心を抱いてほしいと思い、あらゆる勇気づけを与えた」とアドラーは言っているのですが、この中で彼が特に強調したかったのは、「親は彼に、あらゆる勇気づけを与えた」という点だと思います。

親の愛を伴った「勇気づけ」ほど、子供にとって、動機づけになるものはないと思います。モーツァルトの場合も同じことがいえるでしょう。親の勇気づけに対して、応えようとしたのです。モーツァルトにとって、音楽をすることは、親の愛を得るための唯一の方法だったのでしょう。

心理学でいう「愛情的承認」は、人が生きていくうえで大切な歓びの源泉ですが、同時に大きな精神的な支えにもなるのです。何歳になっても人は愛情的承認を必要とし、常に求めているのです。「自分は大切にされる価値がある」という自己肯定感の基礎も「愛情的承認」にある、と言われています。幼い頃は、このような愛情的承認による歓びが主たるものですが、成長するにつれて人は「ほめられる歓び」を求めるようになるのです。これが「評価的承認」です。他者に心から感謝され、頑張って成し遂げた仕事が評価されたとき、とてもうれしくて幸福を感じるのです。

50
アルフレッド・アドラー

When children feel confident about one subject, it is easier to stimulate their interest in others.

子供が一つの課題に自信を持てれば、彼らの好奇心を刺激して、他のことにも興味を持てるように仕向けることは難しくない。

Alfred Adler 1870-1937

アドラーは次のように考えている。他人に自分がどう思われようと、自分の価値は変わらない。他人に承認されるために自分の人生があるのではない。自分の生き方を貫くためには、他人の目を気にせずに生きることが大切だ。そのために、他人に嫌われてもかまわない。自分の人生は、自分のためにある。他人のための人生ではないのだから。そして、他人もまた、その人の人生を生きているので、こちらの期待を満たすために生きているのではない。自分が誰かから嫌われているとすれば、それは自分が自由に生きている証であり、自分が自分の人生の主人公になっている証なのである。

it is 〜 to＋動詞

…することは〜だ

「…することは〜だ」は、it is 〜のあとに〈to＋動詞の原形〉「…すること」（不定詞）を置いて表します。
itは形式的な主語で、to以下の内容を指します。

It is difficult to understand each other.
（互いに理解し合うのは難しい）

It's easy to bear the misfortunes of others.
（他人の不幸を耐えるのは簡単だ／対岸の火事）

 notes

feel confident about 〜 〜に自信がつく、自信がある
subject 名 主題、題目
stimulate 動 かき立てる、奨励する
interest in 〜 〜への興味、関心

| Think more |

劣等生のある小学5年生が、音楽の時間、先生に「君は音程が正確だね。合奏でハーモニカを吹いてみないか」と言われました。彼は楽譜をまったく読めませんでした。算数の掛け算もできなかったし、漢字も苦手でした。でも、この劣等生は、そのときを境にして、理科、体育にも興味を持ち始めました。

小学校卒業を控えた6年生の3学期の通信簿を見て、彼は驚きました。理科が「5」でした。小学校で初めて「5」をもらったのです。

その数日後、中学校で使う教科書が小学校で販売され、英語の教科書を初めて開いたときのことを、昨日のことのように鮮明に覚えています。このとき初めて英語に出会いました。この英語という科目が、その後、50年以上にわたって、私の人生を支えてくれるとは、思ってもいませんでした。実は、この劣等生とは私のことなのです。

51
アルフレッド・アドラー

The Intelligence Quotient should
only be used to throw light on a
child's difficulties, so that we can find
a way to overcome them.

知能指数は、子供の困難に光を当て、それを克服する
方法を見つけるためにだけ用いられるべきである。

Alfred Adler 1870-1937

アドラーは次のように考えている。人は誰でも、客観的な世界ではなく、自分の世
界観に基づいた主観的な世界に生きている。主観が異なるので、認知の仕方、物
事のとらえ方、考え方・感じ方は、十人十色である。人は自分の主観から逃れるこ
とはできないが、自分の主観、考え方・感じ方は、自分自身で変えることができる。

so that S can 〜

Sが〜できるように

〈so that S can＋動詞〉は「Sが〜できるように、〜するために」と目的を表します。

Speak simply so that we can understand you.

（私たちが理解できるように、簡単に話してください）

Intelligence Quotient (=IQ) 知能指数
throw light on 〜 〜に光を当てる、〜を明らかにする
difficulty 名 困難、問題、障害
overcome 動 克服する、打開する

| Think more |

知的能力に関するハンディキャップを克服して、偉業を成し遂げた人物がいます。「放浪の天才画家」と呼ばれた山下清は、軽度の知的障害があり、小学校に5年生までしか行っていません。山下清の知能指数（IQ）は70前後でしたが、多くのすばらしい作品を残しました。

20世紀最大の天才といわれる偉大な理論物理学者アインシュタインは、少年時代、学校嫌いで劣等生でしたが、大学卒業後は、特許庁の役人となり、その地位に甘んじながらも、独学で研究を続け、相対性理論を発見したのです。

物理学者のニュートンや生物学者のダーウィンなども、学生時代に劣等生でしたが、知的能力に関するハンディキャップを克服して偉業を成し遂げたのでした。

アドラーは「大切なのは何が与えられているのかではなく、与えられているものをどう使うかだ」と言っています。今の自分に価値があると信じて、ありのままの自分を受け入れることが大切なのです。

52
オスカー・ワイルド

Anybody can sympathize with the sufferings of a friend, but it requires a very fine nature to sympathize with a friend's success.

人は誰でも、友人の苦悩に対して共感することはできるが、友人の成功に対して共感するには、非常に優れた人間性が求められる。

Oscar Wilde 1854-1900

オックスフォード大学を首席で卒業。19世紀に活躍し、数々の名作を残した文豪。新約聖書から題材をとって作り上げた戯曲『サロメ』や、「自己犠牲」という題材を皮肉とも賞賛ともつかない筆致で描いた『幸福な王子』などの作品で知られる。

it requires 〜 to + 動詞

…するには〜が求められる

〈it requires 〜 to＋動詞（原形）〉は「…するには〜が求められる、…するためには〜が必要である」という意味です。

It requires courage to make a presentation in front of a lot of people.

（大勢の前でプレゼンをするには勇気がいる）

| Think more |

フランスの思想家ルソーは『エミール』の中で次のように言っています。「彼らは人々の不幸に対して同情を覚えると同時に、そういう不幸を免れている自分の幸福を感じる」

この言葉の中には、他人の不幸を悲しみながらも、「自分には『力』がある」と感じていることが含まれていると思います。

友人の成功に対しては、ドイツの哲学者ニーチェは、「恨みや妬みは自分自身を貧しくする」と言っていますが、私は友人の成功に対して嫉妬心はあまり感じたことはありません。心から友人の成功を自分のことのように称賛してきました。そんな自分を改めて好きになり、自分は幸せな奴だと思えることがあります。

53
アレクサンドル・デュマ

Friendship consists in forgetting what one gives and remembering what one receives.

友情とは、与えたものは忘れて、受け取ったものは忘れないことにある。

Alexandre Dumas 1802–70

フランスの小説家、劇作家。小デュマの父。『三銃士』『モンテ・クリスト伯』などの作品を残した。

what one gives

人が与えるもの

〈what＋S＋V〉は「SがVするもの、こと」。whatは「もの、こと」という意味の関係代名詞です。

このoneは「（不特定の・総称的に）人」を表します（代名詞）。

Please forget what I said last night.

（昨夜私が言ったことは忘れてください）

Never put off till tomorrow what you can do today.

（今日できることを明日に延ばすな）

notes

consist in ～ ～に本質がある

forget 動 忘れる ⇔ **remember** 動 覚えている

receive 動 受け取る、もらう

| Think more |

大学教授の同僚で、会議の席で慇懃無礼に「今回の件は、相手に恩を売って、貸しを作っておいたほうがいいですね」と口癖のように言う教授がいました。

多分、この教授は、いかに自分は頭がいいか、ということをひけらかしたかったのでしょうが、この人には友情なんて理解できないだろうし、心から友人と呼べる人もいないのだろうと思いました。

もし彼に友人がいたら、何らかの注意をしてくれていたでしょう。腹の中では、他の教授たちは、彼を哀れに思っていたことでしょう。気づかないのは本人だけなのです。

私は幸いにも友人に恵まれました。人生の危機を、何度も友人に救われました。友人から受け取った恩は、決して忘れたことはありません。また、友人が逆境に陥っていたら、全力を尽くして手を差し伸べてきました。それが真の友情だと思います。

There should be courtesy even between close friends.
親しき仲にも礼儀あり
・・・
Familiarity breeds contempt.
慣れすぎると侮りを生む

親しい間柄だからこそ、礼儀を忘れてはいけないという意味です。これは、どんなに親密な友人、恋人、夫婦の場合にも当てはまる言葉であると思います。俺とお前の間だからいいじゃないかと考えている人がいたら、大きな間違いです。親密であればあるほど、大切な人であればあるほど、相手への気遣い、思いやり、感謝の気持ち、気配り、礼儀を忘れてはならないのです。

Where there is a will, there is a way.
意思あるところに道がある
・・・
Fortune favors the bold.
運命の女神は勇者に微笑む

「やり遂げる意思があれば自ずと道は開ける」という意味です。努力をしても挫折や失敗に終わることもありますが、そのたびに、新たな目標を設定し、次の目標に向かって、一歩一歩前進してください。必ず、道は開けてくるものです。結果よりも過程を重視してください。こんなに努力している自分自身を認めて、「よくここまで、がんばったね。えらいよ」と自分をほめてあげてください。

*Overcoming inferiority complex
and adversity*

劣等感と逆境の克服

Alfred Adler

William Shakespeare

54

アルフレッド・アドラー

> However much they deceive themselves, their real feelings of inferiority will remain.

どれだけ自分を欺いたとしても、劣等感は残るだろう。

Alfred Adler 1870–1937

オーストリア出身の精神科医、心理学者、社会理論家。アドラーは次のように考えている。人間の行動は、フロイトの言うように、過去の経験など、例えば、トラウマ・心的外傷などの外的要因によって決定されるのではなく、自分の目的に従って決定されるのである。行動や失敗の原因を過去に遡って考えても、過去は変えられない。大切なのは、これから、どうするかである。人は何らかの目的を持って行動している。未来の目的は自分で変えられるので、これからの行動も変えることができる。大切なのは、何が自分に与えられているのかではなく、自分に与えられているものをどう使うかである。

however 〜

どれだけ〜でも

however 〜 は「たとえどんなに〜でも、いかに〜であろうとも」。
no matter how 〜とほぼ同じ意味です。

However hard you study, you can't master a foreign language in a year or two.

（どんなに熱心に勉強しても、1年や2年で外国語を究めることはできない）

deceive 動 欺く、だます
inferiority 名 劣等、下位 ⇔ **superiority** 名 優越、上位
remain 動 とどまる、残る

| Think more |

アドラーは劣等感を、理想とする自分の目標に向かって進むための刺激としてとらえました。自分自身が、理想の自分に向かって少しでも近づきたい、自分自身が、今の自分よりも向上したい、と思う気持ちが、劣等感を生むと考えました。

この劣等感を補おうとして、向上心が生まれ、人間は努力すると考えたのです。人間は常に「優越性を追求しようとする」とアドラーは言いますが、その過程において、人間は悩むのです。

自分が思ったような結果が得られないのに、他者はすばらしい結果を残し、社会的承認を得ているような場合、劣等感は異常に膨れ上がってしまい、苦しい状況に追い込まれてしまうのです。

他者はあなたが思っているほど、あなたの存在には無頓着なのです。

55
アルフレッド・アドラー

It is not uncommon for children who have been at the bottom of their class to change dramatically and begin to make surprising progress.

クラスの最下位にいた子供が、劇的に変わり、驚異的な進歩を始めることは、珍しくない。

Alfred Adler 1870-1937

アドラーは次のように考えている。自分の人生の歩み方は、自分自身の意思で、決定したものである。自分次第で、人生は変えることができる。過去の人生に何があったとしても、今後の人生をどう生きるかについては何の影響もない。今後の生き方・行動を決めるのは、現在の自分であり、自分自身の自由な選択である。

it is ～ for + 人 + to + 動詞

（人）が…することは～だ

「（人）が…することは～だ」は、it is ～のあとに〈for＋人＋to＋動詞の原形〉を置きます。

It is important for grownups to set a good example for kids.

（大人が子供によい手本を示すことは大切だ）

notes

uncommon 形 珍しい、まれな
bottom 名 最下位、最下部
dramatically 副 劇的に、著しく

| Think more |

小学生のとき、ある日、「交通事故について」という課題で作文の宿題が課されました。自分の感じたままに、原稿用紙５枚にまとめて宿題を提出しました。

数か月後、「君の作文が、読売新聞社主催のコンクールで、銀賞を受賞することになった」と伝えられました。

ところが、先生が突然クラス全員の前で言った一言が、私の心を一瞬にして打ち砕いてしまいました。「おまえが書いたんじゃねえんだろう。誰に書いてもらったんだ」

あまりの衝撃に、私は打ちのめされました。そのとき、背後から、一人の少女のやさしい声が聞こえました。「私は、信じている」

私はそのとき、初めて恋をしました。私は、この恋のおかげで勇気づけられ、つらい経験をプラス思考で受けとめて、常に前向きに生きることを学んだのです。このときの苦しい経験は、私が大学教授になってからも、大いに役に立ちました。

56
アルフレッド・アドラー

We often see children who overcome their difficulties and who, in overcoming them, develop unusual faculties for usefulness.

困難な状況を克服する際に、並外れた有用な能力を発達させる子供たちをしばしば目にすることがある。

Alfred Adler 1870-1937

アドラーは次のように考えている。課題の分離、承認欲求の否定、認知論、目的論、自己決定性を通して、対人関係の問題を解決し、敵対する他人を自分の仲間と見なし、自分の所属しているグループや集団のために貢献する。その際に、他人の評価を気にせず、何の見返りも期待してはいけない。このときに共同体感覚が生まれる。このことを通して、対人関係の問題や孤独感、孤立感は解消、克服されて、人は幸せになれる。共同体感覚は、お互いに信頼関係を持ち、人と人とが結びついている状態である。「自分は誰かの役に立っている」という貢献感を得ることによって、自信が生まれ、幸せになれるという。

in 〜ing
〜するときに

in 〜ing（動名詞）は「〜するときに、〜する間に」という意味です。
on 〜ing「〜するとすぐに」という表現もあります。

You should be careful in choosing your friends.
（友人を選ぶときは慎重になるべきだ）

notes

unusual 形 普通でない、並外れた
faculty 名 才能、能力、力
usefulness 名 有用性、有効性

| Think more |

紆余曲折を経て、1972年、国立大学を中退して立教大学法学部3年次編入試験を受けたときのことです。当時は編入試験を実施している大学は少なく、66名の受験者中4名の合格者という狭き門でした。教職員が歓迎会を開いてくれました。そのとき一人の教授が、「小池君は、英語ができるんだねえ。あの問題は僕が作ったんだけど、採点して驚いたよ。ずば抜けて、最高点だったよ」と言ってくれました。

そのときを機会に、法学部の専門科目以外にも、英文科の授業や英語の自由科目などを積極的に受講しました。英字新聞を毎日読み、英語放送も毎日欠かさず聴きました。

その後、様々な困難と逆境を乗り越えて、10年後、私は大学専任講師（英語）の職を得ることができました。大学教授を退職するまでの32年間を、大好きな英語の世界で過ごしました。また、多数の著書を出版する機会を得ることができました。私は「英語との出会い」によって、自己実現する機会を得ることができたのです。

心理学では、自己実現をもって最高の理想的な生き方としています。

57
ウィリアム・シェイクスピア

Sweet are the uses of adversity.

逆境が人に与える教訓ほど甘美なものはない。

William Shakespeare 1564-1616

イギリスの詩人、劇作家。俳優ののち、座付き作者として37編の戯曲、154編のソネットを書く。四大悲劇『ハムレット』、『オセロ』、『リア王』、『マクベス』や『お気に召すまま』で知られる。

Sweet are 〜.

〜ほど甘美なものはない

〈S+are+C〉「SはCである」の、C(補語)を強調して文頭に出した形。〈C+are+S〉とS(主語)を動詞(are)のあとに置きます(倒置構文)。

So strong was her resolve.

(彼女の決意はとても固かった)

notes

sweet 形 甘美な、すてきな
use 名 効用、役に立つこと
adversity 名 逆境、困難

| Think more |

これは、『お気に召すまま』での老公爵のセリフです。

逆境が与えてくれる教訓は、老公爵が言うように「この身の何たるか」を、つまり自分の真の姿を痛感させてくれることです。

もう一つは、他人の心の温かさを身に染みて感じられることです。他人の心の温かさを、身をもって知ると、人の心を傷つける言動や、人を陥れ、いじめることができなくなるのです。

私は大学の世界で、何度か人に陥れられたことがあります。人生をつぶされそうになったことも何度かあります。嫌がらせや誹謗中傷は、日常茶飯事でした。

今思えば、私は人を陥れたり、人の人生を破綻させたり、人を誹謗中傷するようなことをしたことがありません。なぜならば、いつも善良な優しい人たちが手を差し伸べてくれたからです。

58

ウィリアム・シェイクスピア

Time and the hour runs through the roughest day.

どんなに荒れ狂う嵐の日にも時間は過ぎていくのだ。

William Shakespeare 1564-1616

生涯に37編の劇作品を書いた。その作品の魅力の大きなポイントは心理と人生の核心を突く言葉である。彼の劇には多くの名言があり、古今東西にわたって、多くの人々の心に多大な影響を与えてきた。彼は、人間の歓びや悲しみ、愛や憎しみ、楽しみや苦悩など、心の動きを温かい目を持って追求した。だからその言葉は常に人の心を慰め、励まし、今日においても、私たちに人生を前向きに生きていく力を与えてくれる。

the roughest day

荒れ狂う日

roughest はroughの最上級です。形容詞・副詞の多くは、語尾にestをつける、または、前にmostを置くと最上級になります。

Security is the greatest enemy.

（安心は最大の敵である／油断大敵）

I think the most important thing is honesty.

（最も大切なのは誠実さだと私は思う）

 notes

run through 〜　〜を走り抜ける、通過する

rough 形　荒天の、つらい、苦しい

| Think more |

これは、『マクベス』の中のセリフです。

スコットランド国王ダンカンを殺すことを考え、その恐ろしさに思い迷いながら、マクベスが最後にこのセリフを傍白するのです。やがてマクベスは、ダンカンを殺して王座に就きます。ダンカンの長男であるマルカムは、次のように言います。

The night is long that never finds the day.
（どんなに長い夜でも必ず夜明けが来る）

このセリフには、逆境に陥ったとき、どれだけ励まされたことか知れません。「時間がすべてを解決してくれる」と信じてつらい状況を克服するとき、私はこのセリフを心の中で呟くことによって、何度も慰められました。

現在、世界中の人たちが、新型コロナウイルスに苦しめられています。私は、時の流れがすべてを洗い流してくれることを信じて、日々の生活を、ポジティブに前向きに生きていきたいと考えています。シェイクスピアには、「心の傷を癒やす力がある」と言った人もいます。

137

59

アルフレッド・アドラー

Behind all types of superior behavior, we can suspect a feeling of inferiority which calls for very special efforts of concealment.

他の人よりも自分のほうが優れているかのようにふるまうすべての人の行動の背後に、劣等感が存在するのではないかと疑ってしまう。劣等感があるから、自分の本来の感情を隠すために特別の努力が必要になるのである。

Alfred Adler 1870-1937

アドラー心理学では、困難を克服する活力で、自信に満たされた状態になることを「勇気づけ」と呼び、自分と他人を励ますことが、幸せな人生を歩むためには必要であると考える。体罰や叱るといった行為は、いかなる場合でも、勇気をくじくものであるとしている。「ありがとう。助かったよ」という感謝の言葉によって人は「勇気づけられる」という。

behind

背後に

behind は「〜の後ろに、背後に、裏側に」。
場所・位置を表す前置詞です。

There must be something behind it.
（それには何か裏があるに違いない）

He is a good friend that speaks well of us behind our backs.
（陰で自分をほめてくれる者は、良い友だ）

superior 形 見下したような、傲慢な
behavior 名 態度、行動
suspect 動 疑う、うすうす感じる
call for 〜 〜を必要とする
effort 名 努力、奮闘
concealment 名 隠すこと、隠匿

| Think more |

他人に対して必要以上に虚勢を張り、威圧的な態度を示す、自己顕示欲の強い人は、実際には劣等感が強いと考えられます。自分に自信がないので、必要以上に自分自身を大きく見せようとするのです。

優越性を追求する過程において、自分が優れていることを他人にひけらかすような、「劣等感の裏返し」に陥ってしまうことがあります。このような精神状態を、アドラーは「優越コンプレックス」としました。

アドラーは、人間は常に「優越性を追求する」と言います。優越性の追求自体は、人間を向上させるエネルギーとしてプラスに作用することもあるのですが、賞賛を得ることが目的にすり替わったりすると、実際以上に虚栄を張って、威圧的な態度をとる人もいます。これが、典型的な「優越コンプレックス」です。

60
アルフレッド・アドラー

To a certain degree we all experience feelings of inferiority, since we all find ourselves in situations we wish we could improve.

我々は皆、ある程度は劣等感を持っている。それは、自分自身が向上したいと思う状況にいるからである。

Alfred Adler 1870-1937

アドラーは次のように考えている。レジリエンス（resilience）とは、「逆境を跳ね返す力」「逆境や強いストレスにあっても、折れずに、復元できる力」を意味する。逆境やストレスを逆手にとって、飛躍するチャンスとして受けとめ、プラスの経験として、成長の糧としてしまうような、前向きな生き方、考え方をする習慣をつけることが大切だ。この姿勢を支えるのが、レジリエンスである。

we wish we could improve

向上したいと思う

wish は、「〜ならいいのに」という現在の事実に反する願望や、実現できそうにない願望を表します。wishに続く節では、(助)動詞は過去形を使います(仮定法過去)。

I'm too busy. I wish we had 30 hours in a day.
(忙しすぎる。1日が30時間あればいいのに)

to a certain degree ある程度は、多少
experience 動 経験する、体験する、感じる

| Think more |

私は中学1年生のとき、栃木県の田舎町の町立中学校で、約450人中100番以内に一度も入ることができませんでした。

中学2年生のとき、英語の授業のみ能力別クラス編成がとられ、英語の時間になると、生徒は一斉にA、B、Cのクラスに応じて教室を移動するといった方法で授業が進められました。Aクラスは二等分され、定員は合計約100名でしたが、私はこの上位100名の中に入れず、Bクラスでした。

そんなとき、たまたまAクラスに所属する成績優秀な一人の少女に、私は純粋な恋をしてしまったのです。彼女に対する劣等感もありましたが、彼女と一緒に同じ教室で勉強したい、という気持ちのほうが強かったのを覚えています。劣等感と恋心が、私の向上心に火をつけました。

その結果、県立高校入試で英語は満点を取り、得意の数学以外に、英語も好きになっていきました。そして大学教授になり、英語教育を生涯の仕事とすることができたのです。

61

アルフレッド・アドラー

We have said that feelings of inferiority are not in themselves abnormal.
They are the cause of improvements in the human condition.

劣等感はそれ自体では異常ではないと言われてきた。
それは人類のあらゆる進歩の原因である。

Alfred Adler 1870-1937

「ライフスタイル」とは、日常生活では一般的に「生活様式」という意味ですが、アドラー心理学では、「人間の生き方、考え方（思考）、感じ方（感情）」に近い意味で、その人独自の世界観、価値判断の基準、行動様式などが総合されたものを意味する。これは固定したものではなく、自分の努力で、変えることができるのである。

in themselves

それ自体

in itself は「それ自体、本質的に、本来」。ここではfeelings of inferiorityを受けているので、in themselves（itselfの複数形）となります。

Our project had a problem in itself.

（この企画自体に問題があったのだ）

notes

abnormal 形 異常な、特異な ⇔ **normal** 形 正常な、標準の
cause 名 原因、動機
improvement 名 進歩、向上
condition 名 状態

| Think more |

アドラーは、他者と自分との比較で劣等感を感じるのではなく、現実の自分と自分の目標とのギャップに対して抱くマイナスの感情も、劣等感と考えました。

つまり、アドラーは劣等感を、目標に向かって前進するための刺激、原動力、プラスのエネルギーと考えたのです。

これは、決して悪いことではないのです。劣等感は、目標に向かって努力し、人生をよりよくしようとしている結果、抱く感情なのです。劣等感をバネにして、飛躍すればいいのです。

この劣等感を、プラスの方向に向けるか、マイナスの方向に向けるかは、自分次第です。劣等感に対処する際、相手に対して嫉妬心（マイナスの感情）を抱くだけでは、進歩、成長することはできません。

例えば、「相手を追い抜けるように、勉強の方法を変えてみよう」とか、「新しい企画を立ててみよう」とか、自分を高めるための目標を、新たに設定すればいいのです。

When you are in a new community, follow its people.
郷に入っては郷に従え
・・・

When in Rome, do as the Romans do.
ローマではローマ人のようにしなさい

人は住んでいる土地の風俗・習慣に従うのが処世術であるという意味です。「郷」は中国の行政単位ですので、「郷に入っては郷に従え」という日本語のことわざは中国から来たのではないでしょうか。よその土地へ行ったら、その土地の習慣に従うべきで、こちらのやり方を押しつけてはいけない、という教えです。これは転勤や転職で新しい職場に替わった場合にも当てはまると思います。

The best day to start something is the very day you make up your mind to do it.
思い立ったが吉日
・・・

There is no time like the present.
今ほどいいときはない

何か物事を始めようと思い立ったら、その日を縁起のいい日として、すぐに着手するのがいい、ということです。自分の人生にとって有益だと思ったら、まずは行動に移すことが大切です。行動することによってのみ、幸福を手に入れることができるのです。失敗を恐れず、ダメもとで挑戦してみよう。行動しなければ何も生まれません。まずは、行動することです。

chapter

7

Emotions and psychology

感情と心理

William Shakespeare
Henry Wadsworth Longfellow
William James
Walter Bagehot
Washington Irving
Vittorio Alfieri
Thomas Wilson
Thomas Alva. Edison
F. Scott Fitzgerald
Josh Billings
Elbert Hubbard
Marcel Proust
Philip Dormer Stanhope
Fyodor Mikhailovich Dostoyevsky

62
ウィリアム・シェイクスピア

He jests at scars that never felt a
wound.

他人の傷跡を笑うのは傷の痛みを知らない奴だ。

William Shakespeare 1564-1616

イギリスの詩人、劇作家。『ロミオとジュリエット』や、『ハムレット』などの四大悲劇で知られる。人間の心理描写に優れた作品を数多く残し、現在でも「最も偉大な英文作家」と評されている。

He 〜 that ...

…する人

that以下は、主語のHeを修飾しています。このように、名詞を修飾する関係詞節は、必ずしも修飾する名詞（先行詞）のすぐあとに置くとは限りません。

Heは、ここでは「（〜する）人」。「彼」と特定の男性を指すのではなく、性別不特定の総称的な「人」を指しています。

I saw a dog in the park that looks exactly like yours.

（君の犬とそっくりな犬を公園で見た）

The day will come when your dream comes true.

（あなたの夢が実現する日がくるだろう）

jest at 〜 〜をからかう、あざ笑う

scar 名 傷跡、心の傷

wound 名 （心の）傷、痛手

〈例〉**An ill wound is cured, not an ill name.**
（たちの悪い傷は治せても、汚名は治癒することができない）

| Think more |

『ロミオとジュリエット』でのセリフ。

悲しみ嘆くロミオを、ロレンス神父が慰めようとし、「お前の身の上について話そうと思うからよく聞きなさい」と言うと、ロミオはこのセリフを言います。

自分で感じて、心の傷の痛みは真実となるのです。でなければ、それについて話しても絵空事にすぎないのです。心の傷の痛みは、同じような経験をしなければわからないのです。

63
ヘンリー・ワーズワース・ロングフェロー

Taste the joy that springs from labor.

労働から湧き出てくる歓びを味わいなさい。

Henry Wadsworth Longfellow 1807–82

アメリカ、メイン州ポートランド出身の詩人。「炉辺の詩人」5人組の一人として知られる人物。作品に『ポール・リビアの騎行』、『人生讃歌』、『ハイアワサの歌』、『エヴァンジェリン』などがある。

the joy that ...

…する歓び

that以下は、the joyを修飾しています。名詞を修飾する関係詞節は、通例、修飾する名詞（先行詞）のすぐあとに置きます。

It's the best thing that ever happened to me.
（それは私のこれまでの人生で最高の出来事だ）

The nail that sticks out gets hammered down.
（出る杭は打たれる）

> **notes**
>
> **taste** 動 味わう、経験する
> **joy** 名 歓び、歓喜
> 〈例〉Joy and sorrow are next door neighbors.
> 　　　（歓びと悲しみは隣り合わせ／楽あれば苦あり）
> **spring** 動 湧き出る、生じる
> **labor** 名 労働

| Think more |

フランスの思想家ルソーの『エミール』の中で、エミールはまず労働と所有との結びつき（働いたら自分のものになる）を知り、続いて、他人が労働して所有しているものは尊重しなくてはならないことを知りました。

ルソーはそれらの観念を、理屈や説教ではなく、エミールが自分の行動を通して学ぶように構成しているのです。

心理学的視点から見ると、人間には労働の欲求や創造の欲求があります。労働することに対して歓びを感じるのは、達成感や所有の欲求を充足することや、生存を維持するために食欲を充足することにもつながっていくのです。

労働の歓びは、社会的存在として承認されたいという、承認欲求を充足することから生まれるのです。また、労働を通して「評価的承認」「存在的承認」への欲求が充足され、生命・健康の維持や安定した経済的基盤も実現できるのです。

64
ウィリアム・ジェームズ

We don't laugh because we are happy.
We are happy because we laugh.

楽しいから笑うのではない。
笑うから楽しいのだ。

William James 1842-1910

ハーバード大学で心理学・哲学の教授を務めるとともに、プラグマティズムを提唱した。プラグマティズムの基本的な考え方は、まず、ある概念が行動にどのような影響を及ぼすのか、そしてどのような結果をもたらすのかを考えなければならない。それを通して見出される結果こそが、その概念のすべてであると考える。

because

…だから

because は「（なぜなら）…だから、…なので」。原因・理由を表す接続詞です。接続詞のasとsinceも原因・理由を表しますが、通例、asとsinceは主節に重点がある場合に、becauseは原因・理由に重点がある場合に使います。

I'm feeling a little down because I quarreled with my colleague.

（同僚と言い争ってしまって、少し落ち込んでいるんだ）

You mustn't criticize a person just because he cannot do what you can do.

（自分ができることができないからといって、人を非難してはいけない）

| Think more |

ジェームズは、ある知識や理論が真理であるかどうかは、それに基づいて実際に行動したときに、望ましい結果が得られるかどうか、有用であるかどうかによって決まる、つまり、有用性が真理か否かの基準になると考えました。

ジェームズによれば、「人生には生きがいがある」というような検証が困難な信念も、その信念が、実際にその人の人生を生きがいのあるものにしているならば、真理性を有するとみなすことができるし、宗教も、神を信じることによって、人々が安心感や充実感を得ることができれば、真理とみなすことができると考えました。

65
ウォルター・バジョット

The greatest pleasure in life is doing what people say you cannot do.

人生における最大の歓びは、あなたにはできないと言われたことをすることだ。

Walter Bagehot 1826-77

イギリス、サマセット州（イングランド）出身のジャーナリスト、評論家、経済学者、思想家。25歳のとき、パリへの旅行中にルイ・ナポレオン（ナポレオン3世）のクーデターを目撃し、この体験をきっかけにエドマンド・バーク（英国の哲学者、政治家）の保守主義に傾倒するようになる。また、ウォルター・バジョットの代表著書でもある『イギリス憲政論』は、君主制擁護論としてバークの『フランス革命の省察』に次ぐ、政治学の古典としても知られる。

S＋is＋〜ing

Sは〜することである

〈S＋is＋C〉「SはCである」のC（補語）に〜ing（動名詞）がきた形です。〜ingは「〜すること」の意味で名詞と同じ働きをします。S（主語）に〜ingを使うこともできます。

Seeing is believing.

（見ることは信じることだ／百聞は一見にしかず）

pleasure 名 歓び、楽しさ、満足

〈例〉 **The greatest pleasure I know is to do a good action by stealth and have it found out by accident.** (Charles Lamb)
（私の最大の楽しみは、こっそりと善行を施し、偶然それを発見してもらうことである[チャールズ・ラム：イギリスの随筆家]）

| Think more |

私が大学教授になる決心をしたとき、絶対に不可能だと言われました。

大学専任講師になったとき、数十年ぶりで顔を合わせた昔の知人の男が言いました。「講師になっても、どうせ教授にはなれないよ。お前は、一生講師のままだよ」

それから数十年後、父の葬儀で実家に帰ったとき、その男と偶然、田舎道ですれ違いました。その男が言いました。「おめえ、いくら金を積んで教授になったんだ」

私の実家の近くに住んでいるその男の言葉に対して、思わず、私は返す言葉を失いました。言い返して逆恨みされても困るので、何も言わず、軽く会釈して通り過ぎました。

相手が不機嫌な感情や言葉を投げかけてきても、自分の心の内側にまで入れないで、うまくかわすことにしています。そうすれば、ストレスを感じることもありません。他人の成功をねたんで、不愉快な言葉を投げかけてくる者を相手にしてはいけません。軽く流す習慣を身につけることが大切です。

66
ワシントン・アーヴィング

Great minds have purposes, others have wishes.

偉大な人たちは目的を持ち、そうでない人たちは願望を持つ。

Washington Irving 1783-1859

ニューヨーク出身で、国際的な名声を得たアメリカ最初の作家である。彼は、文壇デビュー作となった『ニューヨーク史』においてユーモアや軽妙な風刺で才気を発揮した後、1819年〜20年にかけて伝説の名作「リップ・ヴァン・ウィンクル」や「スリーピー・ホローの伝説」などの短編小説などが収録された『スケッチ・ブック』を刊行した。

others

そうでない人たち

others は、不特定の「別の人たち」(複数)。物にも使います。「他人(other people)」の意味で使うこともあります。

不特定の「別の一人」「別の一つの物」(単数)はanotherです。

Some people like to travel during holidays, and others prefer to stay at home.

(休日に、旅行に行きたがる人もいれば、家にいるほうが好きな人もいる)

Never trust a person who speaks badly of others and well of you.

(他人をけなしてあなたを褒める人を信用するな)

notes

mind 名 (知性の面から見た)人

purpose 名 目的、目標

wish 名 願望、願い、望み

| Think more |

偉大な人とは、人生において自己実現に成功した人であると思います。

自己実現に成功した人とは、前向きでポジティブ感情を持って、人生の明確な目的や夢に向かって、何かに没頭し、何かを成し遂げた感覚のある人です。

願望とは、ただ単にぼんやりと自分勝手に想像するだけで、何の努力もせず、行動もしないことなのです。

67

ヴィットーリオ・アルフィエーリ

Often the test of courage is not to die but to live.

往々にして勇気とは、死ぬことによってではなく生きることによって試される。

Vittorio Alfieri 1749–1803

イタリアの貴族、劇作家。伯爵。北イタリア、ピエモンテ州の小都市アスティの生まれ。『アントニウスとクレオパトラ(悲劇)』などの作品がある。

not A but B

Aではなく B

not A but B は「AではなくB」。not A but rather B「Aではな くむしろB」という表現もあります。

The most important thing is not to win but to take part.

（勝つことではなく、参加することに意義がある）

Try not to become a man of success, but rather try to be a man of value.（Albert Einstein）

（成功者になろうとするのではなく、価値ある人間になろうとしなさい）

test 名 試す手段、試金石、評価基準

courage 名 勇気、度胸

| Think more |

私は20歳のとき、人生に絶望して死のうと思ったことがあります。ビルの屋上から飛び降りようと思って下を見たとき、コンクリートで舗装された道路が見えました。

飛び降りる前に両手を見つめ、「今までありがとうね」と両手にお礼を言いました。すると、手の指が自由に動くのを感じました。10本の指が自由に動くことが、なぜか不思議に思えました。そのとき、自分がこんなにすばらしいものを持っていることに感動しました。空を見上げたら、青い空の中に白い雲が見えました。空の色を識別できる目を持っていることに感動しました。もしここから飛び降りたら、すべての機能は停止してしまいます。

自分がこんなにも恵まれているなんて、気がつきませんでした。人からバカにされても、軽蔑されても、自分の人生を全うしよう、どんなことがあっても勇気を持って生き抜こう、と思いました。このとき、飛び降りることに勇気はいらない、と思いました。

68
トーマス・ウィルソン

You can complain because roses have thorns, or you can rejoice because thorns have roses.

バラには棘_{とげ}があると文句を言うこともできるし、棘のある木にバラが咲いていると喜ぶこともできる。

Thomas Wilson 1525-81

トーマス・ウィルソンは、ケンブリッジ大学などで学んだ、イギリスの修辞学者であり、外交官、裁判官、政治家も務めた。修辞学者としては、『論理』(1551)、『修辞学の技法』(1553)などの作品を残した。これらの書物は、英語で書かれた最初の論理学、修辞学の本であるといわれている。

A or B

AまたはB

A or B は「AまたはB、AあるいはB」。orは、選択を表す接続詞（等位接続詞）です。文と文だけでなく、語句と語句を結びつけることもできます。AとBは、どちらかに重点があるのではなく、対等の関係になります

It could rain or snow tomorrow.
（明日は雨か雪になる可能性がある）

Lend, and lose the loan, or gain an enemy.
（金を貸せば、それを失うか敵を得るかの二つに一つ）

complain 動 文句を言う、不満を言う
thorn 名 棘、いばら、針
rejoice 動 喜ぶ、うれしく思う

| Think more |

ドイツの哲学者カントは『純粋理性批判』の中で、人間は「感性」と「悟性」の二層で世界を認識している、と言っています。「感性」が直観を、「悟性」が判断を作り、「理性」が理念を作る、としています。

つまり、バラを視覚でとらえても、人によってとらえ方が違ってくるのです。

私たちに「見えている」ものは、私たちの心に「思い描かれたもの」なのです。私たちは、主観の中に表れた現象しか認識できず、物自体を認識するのは不可能なのです。これが、カントの認識論の大前提です。

ポジティブシンキングをする人は、現象を前向きに、プラス思考でとらえる傾向があるので、感性と悟性を通して、バラが咲いていると喜ぶことでしょう。

69
トーマス・アルバ・エジソン

I am not discouraged, because every wrong attempt discarded is another step forward.

私は落胆していない。なぜならば、失敗に終わった試みはすべて、次への新たな一歩になるからだ。

Thomas Alva Edison 1847-1931

「天才とは99%の努力と1%のインスピレーションからなる」と信じ、「私は発明を続ける金を手に入れるために、いつも発明する」と公言していた世紀の大発明家である。エジソンはノーベル賞こそ取り損なったが、その晩年、「ニューヨーク・タイムズ」で「アメリカで生きている最も偉大な老人」に選ばれている。また、世界中から様々な栄誉、表彰を受けている。

be discouraged
落胆する

discourage は「（人を）落胆させる、がっかりさせる」という意味の他動詞です。「（人が）落胆する」という場合は、〈be動詞＋過去分詞〉（受動態）になります。

なお、discourageのように「人を〜な気持ちにさせる」という意味を表す他動詞の過去分詞には、excitedやdisappointedのように、形容詞化したものもあります。

Don't be so discouraged.
（そんなに落ち込まないで）

attempt 名 試み、企て、努力
〈例〉**I made several vain attempts to persuade her.**
（私は彼女を説得しようと数回試みたが、無駄だった）

discard 動 捨てる、放棄する

| Think more |

私は劣等生で、いじめられた小学校時代のトラウマに苦悩しました。これは、中学、高校、大学、特に大学院生時代から大学教授時代に至るまで続きました。

しかし、ストレスやトラウマを乗り越え、逆境から立ち直ったあとは、以前の自分よりも強く成長した自分を発見することができました。これは、「心的外傷後成長」と呼ばれています。

これまでの人生を振り返ってみると、多くの逆境を乗り越えた経験のすべてが、無駄ではなかったような気がします。「人生、無駄なことなんて何もない」という言葉がありますが、まさにその通りだと思います。

70
F・スコット・
フィッツジェラルド

Never confuse a single defeat with a final defeat.

たった一つの失敗を、決定的な失敗だと決して勘違い
してはいけない。

F. Scott Fitzgerald 1896–1940

ミネソタ州セントポール生まれ。第一次大戦に志願、陸軍少尉として内地勤務の
傍ら、プリンストン大学在学時から始めた創作にいそしみ、1920年『楽園のこち
ら側』を出版、絶賛を浴びる。1920年代の「失われた世代」の作家の一人とみな
され、狂騒の「ジャズ・エイジ」を描いた『華麗なるギャツビー』などの作品は、後
世の多くの作家に影響を与えた。

Never＋動詞

決して〜するな

〈Never＋動詞（原形）〉は「決して〜するな、絶対に〜するな」。
〈Don't＋動詞（原形）〉よりも、強く禁止する表現です。

Never grieve for what you cannot help.
（自分ではどうにもならないことで悲嘆するな）

Never be proud of your success.
（成功を自慢するな／勝って兜の緒を締めよ）

confuse 〜 with ...	〜を…と勘違いする、錯覚する
single 形	たった一つの、ただ一つの
defeat 名	失敗、挫折
final 形	決定的な、終局の

| Think more |

思春期において、失恋したときや、大学受験に失敗したときなど、すべての
ものを失ってしまったかのような気持ちになります。このときの絶望感、喪
失感は、大変つらいものですが、このつらい経験を乗り越えることによっ
て、人間は、より一層精神的に強く、逞しく成長していくのです。

これからの人生を歩んでいくための試練の一つとして、失敗の経験を受け
とめ、失敗の原因を解明して、再び失敗を繰り返すことのないよう、努力
を重ねることが大切なのです。

失敗と成功の経験を何度も繰り返しながら、前向きに、ポジティブな人生
を歩んでいきましょう。

71
ジョシュ・ビリングス

There is no revenge so complete as forgiveness.

許すことほど、完璧な復讐はない。

Josh Billings 1818-85

アメリカのユーモア作家で、田舎暮らしを書いた作品が多い。また様々な名言を残している。ジョシュ・ビリングスのこんな言葉もある。「当たり前のことを当たり前にやり続けることを、自分自身で難しい状況にしていて、自分にできないことを無理にやろうとして、あらゆることの成就を難しくしています。もっとシンプルに考え、シンプルに集中していくことです。どんな道を通っても、自然に沿って追求していけば、自然界の本質にたどり着け、その追求していることで生きていけるのが自然界です」

There is no ～ so complete as ...

…ほど完璧な～はない

There is no ～ so complete as ... は「…ほど完璧な～は一つもない、どんな～も…ほど完璧ではない」。

つまり「…が最も完璧な～だ」と最上級の意味になります。

There is no solution so good as this.

（これほどいい解決策はない）

revenge 名 復讐、報復
〈例〉Revenge never repairs an injury.
（復讐で傷が癒やされることはない）

complete 形 完全な、完結した

forgiveness 名 許すこと、寛容

| Think more |

自分を陥れた人間を許すには、時間がかかります。大切なのは、憎しみを乗り越え、人生を全うすることです。

憎しみや怒りは、マイナスの感情ですが、エネルギーであることを忘れてはいけません。このエネルギーをプラスの方向に向けることが大切なのです。

具体的な行動をしないと、憎しみのエネルギーは、自分の内に向いてしまい、精神的に病んでしまうこともあります。そうしたら、相手の思うつぼです。そんなときには、自分の人生の目的をしっかり意識することです。

「こんな卑怯な、ずるい人間に怒って、大切な時間とエネルギーを無駄にしてはいけない」「あの人は、あんな最低な奴だったのか」と心の中でその人を断ち切り、「二度とかかわりたくない」と思うと、その人が急に哀れに思えて、すべてを水に流すことができるでしょう。

72
エルバート・ハバード

Don't take life too seriously.
You'll never get out of it alive.

人生を深刻にとらえすぎてはいけない。
生きたまま人生から抜け出すことは決してないのだから。

Elbert Hubbard 1856-1915

思想家、作家、出版家。イリノイ州ブルーミントンに生まれる。1895年にニューヨーク州イースト・オーロラに、職人や芸術家たちの住むコロニーを作る。同時に出版社「ロイクロフターズ」を設立。雑誌『ペリシテ人』『時代』を創刊。教育者、講演家としても活躍するが、1915年、航海中にドイツ軍の無差別攻撃にあい没する。著書『ガルシアへの手紙』は当時のベストセラーとなる。

get out of 〜

〜から抜け出す

get out of 〜 は「〜から抜け出す、〜を脱する」。
outは「外へ、外側へ」という意味の副詞です。

We need to get out of this terrible situation.
（我々はこのひどい状況を脱しなければならない）

If you can't stand the heat, get out of the kitchen.
（熱さに耐えられないなら厨房から出て行け／厳しさに耐えられ
なければその仕事はやめよ）

seriously 副 深刻に、重く ⇔ **lightly** 副 軽率に、軽んじて
alive 形 （副詞的に用いて）生きたまま

| Think more |

私たちの生きている社会は、様々な利害が存在しています。この人間社会
において、誰もがより豊かな生活を求め、利益を追求しているのです。

しかし、個人が自分の利益を追求するあまり、他者の利益をまったく考え
ないような場合、両者の間には敵対関係が生じ、平和な社会生活は崩壊
してしまうでしょう。

このような状況に置かれると、人は不安を感じ、誰も信じられなくなります。
その結果、周囲からの信頼も得られなくなると感じてしまうのです。自分
の居場所がわからなくなり、孤独に陥ります。

孤独感から脱却し、前進したいときは、自分が所属している集団、例えば、
職場、サークル、仲間などのグループに、貢献することを考えてみましょう。

人間は、一人では生きていけない存在です。自分が周りの人に必要とされ
ている、自分の存在が社会的に役に立っている、と実感できるとき、自分
の人生に意味を与えることができるのです。

73
マルセル・プルースト

We are healed of a suffering only by expressing it to the full.

傷ついたことを完全に表現することによってのみ私たちは癒やされる。

Marcel Proust 1871-1922

パリ郊外のオートゥイユ（現・パリ市）生まれ。父親は予防医学を専門とする大学教授、母親はユダヤ教徒。幼くして喘息の発作を起こし、以後、生涯にわたりこの持病に悩まされる。思春期から同性愛への傾きを示した。代表作の『失われた時を求めて』（1913-1927）は、記憶と意識の持続とを核にしてフランスの人間と社会の変容を描いている。まだ同性愛を物語ることが憚られていた時代に先駆けて、これを主題の一つにとらえた画期的な小説でもある。

be healed

癒やされる

heal は「（人の悲しみなどを）癒やす」「（傷などを）治す」。
「癒やされる」は〈be動詞＋過去分詞〉（受動態）で表します。

Physician, heal thyself.
（医者よ、汝自信を癒やせ／医者の不養生）

Though the wound be healed, yet a scar remains.
（傷は癒えても、あとは残る）

notes

suffering 名 苦しみ、苦痛
express 動 表現する、述べる
to the full 最大限に、心ゆくまで

| Think more |

心に傷を負ったときや、精神的に苦境に立たされたとき、つらい経験や自分の気持ちを、文字にすることによって癒やされることがあります。この原稿を書くことによって、自分の傷ついた心が少しずつ癒やされていくのが感じられます。

大学教員の中には、劣等感・嫉妬心・功名心が強く、世間体に異常なまでに固執する者もいるのです。自分たちの教育・研究が、社会に受け入れられないような、非生産的なものであることを棚に上げ、他人の著書・論文の粗探しに終始し、針小棒大に誹謗中傷し、学内に噂を垂れ流すことさえあります。

何度も危機的状況に陥れられましたが、何とか65歳の定年退職を迎えることができました。定年退職した2016年に、『英語でたのしむ「アドラー心理学」』（PHP研究所）を出版しましたが、この本を書くことによって、魂が浄化され、人生の苦悩やトラウマ（心的外傷）が消え去っていくのが感じられました。

74

フィリップ・ドーマー・
スタンホープ

Good humor is the health of the soul, sadness is its poison.

よいユーモアは心の健康であり、悲しみは心の毒である。

Philip Dormer Stanhope 1694-1773

グレートブリテン王国の政治家、外交官、著述家。「忍耐強くやり抜くこと。そうすれば、実行できそうなことの大部分は達成可能であることに気づくだろう」のような多くの名言を残した。

its poison

心の毒

its はitの所有格で、「それの、その」。ここではthe soul'sを表します。itsの複数形「それらの」はtheir（theyの所有格）です。

Aomori is famous for its apples.

（青森はりんごで有名だ）

Every sin brings its punishment with it.

（あらゆる罪はそれに対する罰を伴う）

notes

humor 名 ユーモア、おかしみ

soul 名 精神、心

sadness 名 悲しみ、悲哀

poison 名 毒、害を与える物

〈例〉 **One man's meat is another man's poison.**
（甲の薬は乙の毒）

| Think more |

楽しいときやうれしいとき、ポジティブな気分でいると、自然に笑顔になりますが、笑うと免疫力が高まり、病気になりにくいのです。

笑うと、リンパ球の一種であるNK細胞（ナチュラルキラー細胞）が活性化されるために、癌やウイルスなどの異常細胞への攻撃力がアップし、免疫力が高まるのです。

さらに、笑顔でいると、「幸せホルモン」と呼ばれる神経伝達物質であるドーパミン、オキシトシン、セロトニン、アドレナリン、エンドルフィンが分泌されて、幸福感を感じやすくなるのです。

75

フョードル・ミハイロヴィチ・
ドストエフスキー

**Happiness does not lie in happiness,
but in the achievement of it.**

幸福は幸福自体にあるのではなく、それを達成するこ
とにある。

Fyodor Mikhailovich Dostoyevsky 1821-81

ロシアの小説家、思想家。ロシア帝国モスクワ出身。トルストイやツルゲーネフと
並び称される19世紀後半のロシアを代表する文豪の一人であり、実存主義（人
間の実存を哲学の中心におく思想）の先駆者とも評される人物。代表作に『罪と
罰』『白痴』『カラマーゾフの兄弟』などがある。

lie in 〜

〜にある

lie in 〜 は「（原因・本質などが）〜にある、見出される」。動詞lie には、ほかに「横たわる」「うそをつく」などの意味もあります。

The key to good health lies in regularity.
（健康の秘訣は規則正しい生活にある）

Real beauty lies not in physical appearance, but in the heart.
（本当の美しさは、外見ではなく心にある）

 achievement 名 達成、成就

| Think more |

幸福を最終目的にするのではなく、まず、小さくてもいいから幸せな心の状態を作っておくと、次々にいいことが訪れます。

幸せな心の状態とは、今の瞬間に集中することによって、過去のマイナスな体験や嫌な経験、未来への漠然とした不安などを忘れ、前向きな気持ちで、何かに没頭している状態のことです。

幸せになることが最終目標、と考えるのではなく、幸せな心の状態を作っておくといろいろといいことがある、と逆転の発想をしてみましょう。

これがポジティブ心理学の考え方です。

76
エルバート・ハバード

The happiness of this life depends less on what befalls you than the way in which you take it.

この世の幸福は、あなたに起こることではなく、それをどう受けとめるかによる。

Elbert Hubbard 1856-1915

アメリカの教育者、作家、思想家。イリノイ州出身。出版社「ロイクロフターズ」の創設者であり、雑誌『ペリシテ人』『時代』の創刊者。高踏的な芸術雑誌を発行する一方でエッセイも書いた。代表作に米西戦争の一事件を題材にした『ガルシアへの手紙』がある。

the way in which ...

…する方法

〈the way in which＋S＋V〉は「SがVする方法」。
〈the way＋S＋V〉や〈how＋S＋V〉とほぼ同じ意味です。

That's the way in which he made his fortune.
（彼はそのようにして財を成した）

The way one speaks often reflects one's character.
（話し方は、その人の性格を反映するものだ）

depend on 〜 〜次第である、〜によって決まる
〈例〉**It depends on your efforts whether this plan will work or not.**
（この計画がうまくいくかどうかは君たちの努力次第だ）
less 副 （動詞を修飾して）より少なく
befall 動 （不幸・災難などが）起こる、降りかかる

| Think more |

現代社会において、私たちは、様々な複雑な人間関係、社会情勢の中で生活しているので、様々な逆境やストレスに直面しています。しかし、逆境やストレスを逆手にとって、飛躍するチャンスとして受けとめ、プラスの経験として成長の糧としてしまうような、前向きな生き方、考え方をする習慣をつけることが大切です。

まず、過去に自分が経験した困難な状況を思い出して、自分がその困難をどう乗り越えたのか、そのときの経験から学んだことを思い出してみましょう。

次に、自分の大切な人のことや、楽しかったことを考えてみましょう。

そのようにして「自分には困難を乗り越えた経験がある。大切な人もいる。楽しい思い出もある」と思えば、立ち直ることができるでしょう。

Soon gotten, soon spent.
悪銭身につかず
・・・

Money will come and go.
金は天下の回りもの
・・・

Easy come, easy go.
簡単に手に入るものは、簡単に出ていってしまう

簡単に、思わぬ大金を手にすると、往々にして湯水のように散財してしまうという意味。大金を手にしたときこそ、不景気になったときや病気や災害に遭ったときに備えて蓄えておくべきです。ボーイスカウトだった少年時代から「備えよ、常に」の信念を貫いてきました。不測の事態に直面したときのために常に備えておくことです。これは金銭に限ったことではなく、健全な体と頭脳を維持することです。日々、体と頭脳を鍛えておきましょう。

A friend in need is a friend indeed.
まさかのときの友こそ真の友
・・・

A man is known by the company he keeps.
人は交わる友によりその人柄がわかる

自分より優秀な友人に恵まれたことが、今日の自分自身を支えてくれたと心から感謝しています。人生の危機に直面したときにどれだけ精神的に支えられたか計り知れません。これは過去においても、今日現在においても同じことがいえるでしょう。自己実現することができ、幸福な人生を歩めるのは友人たちの存在があったからです。多分、すばらしい友人たちに囲まれているうちに、彼らの影響を受けて、自分自身の能力や才能が伸ばされてきたような気がします。

8

Puberty and romance

思春期と恋愛

Samuel Ullman

Ernest Hemingway

William M. Thackeray

William Shakespeare

Alfred Adler

George Eliot

Mark Twain

Theodore Roosevelt

77
サミュエル・ウルマン

Youth is not a time of life; it is a state of mind.

青春とは人生におけるある期間のことではない。
青春とは心の状態のことである。

Samuel Ullman 1840-1924

アメリカの実業家、詩人、人道主義者。ドイツでユダヤ人の両親のもとに生まれる。彼が11歳のときにアメリカに移住する。彼の名は、詩"Youth"（日本では『青春』あるいは『青春の詩』と訳される）でよく知られている。

a state of 〜

〜の状態

a state of 〜は「〜の状態、ありさま」。stateは、人や物の「物理的な状態」だけでなく、「精神・感情の状態」も表します。

The government has declared a state of emergency.
（政府は非常事態を宣言した）

At that time, we were in a state of panic.
（そのとき、私たちはパニック状態だった）

youth 名 青春時代、青年期
mind 名 心、精神 ⇔ **body** 名 体、肉体
〈例〉 **A sound mind is in a sound body.**
（健全なる精神は健全なる身体に宿る）

| Think more |

これは、サミュエル・ウルマンの『青春の詩』の一節ですが、その続きの一部を翻訳・要約すると次のようになります。

「人間は、単に年月を重ねるだけで老いるのではない。理想を捨てたとき、人は初めて老いていく。歳月は肌に皺を増やしていくかもしれない。でも、熱意を失えば、気持ちまで皺くちゃになっていく。不安、恐怖、自己不信で頭はいっぱいになり、前向きな気持ちは消えていってしまう。しかし、常に感動を求める心や、未知への純真な好奇心、そして『生きていくというゲーム』を演ずる歓びは、16歳であろうと、60歳であろうと、誰の心にも宿っているものなのである」

常に夢と希望を持ち、チャレンジ精神を失わず、幸せな人生を楽しんでいる人は、生涯青春なのではないでしょうか。私もその中の一人であると信じたいです。

78
アーネスト・ヘミングウェイ

Never to go on trips with anyone you do not love.

愛していない人間と旅に出てはならない。

Ernest Hemingway 1899-1961

アメリカ合衆国出身の小説家。赤十字要員として参加した第一次世界大戦のイタリア戦線で重傷を負う。これは彼の人生観を変える大きな体験だった。1954年にノーベル文学賞を受賞するに至った。『日はまた昇る』(1926)、『武器よさらば』(1929)、『誰がために鐘は鳴る』(1940)、『老人と海』(1952)など。

anyone you do not love
愛していない人

anyone をyou do not loveが後ろから修飾しています。
anyoneは、疑問文で「誰か」、否定文で「誰も」、肯定文で「誰でも」という意味を表す代名詞です。

Is there anyone who speaks Japanese?
（誰か日本語が通じる人はいますか）

I don't want to vote for anyone at the next election.
（今度の選挙では、誰にも投票したくない）

Anyone can make a mistake.
（誰にでもミスはある）

go on a trip 旅行する
〈例〉**How about going on a one-day trip during the holidays?**
（連休中に日帰り旅行をしませんか）

| Think more |

この「旅」は「結婚という名の人生の旅」の比喩と考えてみましょう。愛していない人間と、結婚という人生の旅に出てはならない、ということなのでしょう。

結婚をする際には、相手に対して不審な点や、我慢できないほど嫌な点が、一点でもある場合は、潔く結婚を白紙に戻したほうが良いと思います。

少しでも迷いがある場合は、絶対に結婚はやめるべきです。「この人と結婚して大丈夫なのだろうか」といった迷いや疑惑は、パラシュートの穴のようなもので、時間がたつにつれて、結婚生活の破綻を招くことになるのです。疑問点や不審な点があれば、結婚前に必ず解消しておく必要があると思います。

79

ウィリアム・M・サッカレー

To love and win is the best thing.
To love and lose is the next best.

愛して勝ち取るのが一番良い。
愛して失うのはその次に良いことだ。

William M. Thackeray 1811–63

イギリスの小説家。写実的作風により、上流・中流社会の生活などを風刺的に描いた。『虚栄の市』、『ペンデニス』、『ヘンリー＝エズモンド』などがある。

the next best

その次に良いこと

best はgoodの最上級で「最も良い、一番良い」。〈the next＋最上級〉で「その次に〜」という意味を表します。

序数を使って、〈the second＋最上級〉「2番目に〜」、〈the third＋最上級〉「3番目に〜」のように表すこともできます。

If there are no strawberry cakes, chocolate cake is the next best.

（イチゴケーキがないなら、チョコレートケーキでもいい）

India has the second largest population in the world.

（インドは世界で2番目に人口が多い）

win 動 勝つ、勝ち取る ⇔ **lose** 動 負ける、失う

〈例〉 **Perseverance wins in the end.**
（最後には忍耐が勝つ／石の上にも3年）

〈例〉 **Trust is easy to lose.**
（信頼を失うのは簡単である）

| Think more |

恋愛は、人間を成長させるきっかけになることがあります。恋愛は、それが原動力となって、何かを始めるきっかけになることもあります。

例えば、英語のできる人に恋をしたことがきっかけで、英語の勉強が好きになり、英語教育を生涯の仕事にする人もいるのです。音楽などに関しても同じことがいえるでしょう。

たとえ失恋したとしても、恋をすることによって、人間的に成長するばかりではなく、結果的に才能や専門性を開花させることもあります。

恋愛は、後悔の連続であることもありますが、後悔することによって学習するのです。そのとき、脳も成長しているのです。

80
ウィリアム・シェイクスピア

The course of true love never did run smooth.

真実の恋というものは平穏無事に進んだためしがない。

William Shakespeare 1564-1616

イギリスの詩人、劇作家。四大悲劇の他に『ロミオとジュリエット』、『ヴェニスの商人』、『夏の夜の夢』、『ジュリアス・シーザー』などの多くの傑作を残す。

never did＋動詞

〜したためしがない

do／does／didを動詞（原形）の前に置いて、その内容が事実であることを強調することがあります。

She never did come on time.

（彼女は時間通りに来たためしがない）

I do appreciate his kind offer.

（私は彼の申し出を本当にありがたく思っています）

He does talk a lot, doesn't he?

（彼は本当によくしゃべりますね）

| Think more |

『夏の夜の夢』でのセリフ。

ライサンダーとハーミアは愛し合っていましたが、彼女の父親は、二人の仲を認めず、娘を他の男と結婚させようとするのです。

文学作品やドラマの中の恋は、苦難や苦悩の連続です。もしも平穏無事に進んでいってしまったら、読者の興味をひかないでしょう。でも、恋は障害に出会って試されることによって、真の恋となるのです。

現実の世界でも、障害があると恋は燃え上がります。これは、心理学でいう「心理的リアクタンス」が作用するからです。「心理的リアクタンス」とは、禁止されるとやりたくなり、やれと言われるとやりたくなくなる人間の心理です。

恋愛は、一種の薬物中毒に似ています。恋に落ちると、脳内のドーパミンが分泌して、陶酔状態に陥ってしまいます。しかし、このような脳の状態は、時間とともに、通常の状態に戻ります。

恋が冷めた状態になっても、お互いの人間性を認め合い、時間をともに過ごしたいと思い、お互いに共感、共同体意識を抱いて、協力し合うことに歓びを見出すことができれば、次の段階である結婚へと進めばよいのです。

81
ウィリアム・シェイクスピア

Love like a shadow flies when substance love pursues; Pursuing that that flies, and flying what pursues.

恋とは影法師のようなもの。いくら追っても逃げていく。こちらが逃げれば追ってきて、こちらが追えば逃げていく。

William Shakespeare 1564-1616

イギリスの詩人、劇作家。18歳で8歳年上の女性と結婚するが、20歳で謎の失踪。再びロンドンで記録が見つかるまでの7年間は資料が残っておらず、「失われた年月」と呼ばれている。

like a shadow

影法師のようなもの

前置詞のlikeは「〜に似た、〜のような」という意味です。
口語では、likeは接続詞としても使います。

Courage is very important. Like a muscle, it is strengthened by use. (Ruth Gordon)

（勇気はとても大事だ。筋肉のように使うことで鍛えられる
[ルース・ゴードン：アメリカの女優]）

I feel like I know her from somewhere.

（彼女にどこかで会ったような気がする）

notes

shadow 名 影、影法師
substance 名 実体
pursue 動 追う、追い求める

〈例〉**All our dreams can come true, if we have the courage to pursue them.** (Walt Disney)
（夢を追い続ける勇気があれば、すべての夢は実現できる
[ウォルト・ディズニー：映画製作者]）

| Think more |

『ウィンザーの陽気な女房たち』でのセリフ。

引用のセリフは、追えば逃げ、逃げれば追ってくる、恋人の気まぐれを影法師にたとえたものです。これは、今日の恋愛にも当てはまると思います。古今東西、恋愛は、時空を超えて普遍的なものなのです。

心理学的に分析すると、思春期の若者の恋愛は、「自分自身のアイデンティティを、異性からの評価によって定義づけしようとする試み」ともいえるでしょう。「自分探し」を、自らの試行錯誤で行うのではなく、恋人からの称賛や評価を映し鏡にして、簡単に自分のことを知ろうとする試みなのです。つまり、自分に自信がないために、その自信を補強するために恋愛相手を利用してしまうこともあるのです。

82
アルフレッド・アドラー

Much of adolescent behavior is the outcome of a desire to show independence, equality with adults, and the attainment of manhood or womanhood.

思春期の行動の大部分は、自立、大人と対等、男性、あるいは、女性になったことを示したいという願望の結果である。

Alfred Adler 1870-1937

オーストリア出身の精神科医、心理学者、社会理論家。アドラーは次のように考えている。「劣等感」とは、主観的に自分の一部を劣等と感じることだ。劣等感とは、一般的に考えられているように、他者との比較で自分自身が劣っていると感じるだけではなく、現実の自分自身と、理想とする目標としての自分とのギャップに対して抱いているマイナスの感情も劣等感である。つまり、劣等感を自らの目標に向かって生き抜くための刺激としてとらえ、プラスのエネルギーになると考えたのである。

a desire to＋動詞

〜したいという願望

〈a desire to＋動詞(原形)〉は「〜したいという願望、欲望」。
〈to＋動詞の原形〉(不定詞)が後ろから名詞を修飾する形です。

He has a strong desire to learn.

(彼は向学心が強い)

adolescent 形 青春期の、思春期の
outcome 名 (最終的な)結果
independence 名 独立、自立
equality 名 対等(の立場)、互角
attainment 名 到達、達成
manhood 名 成人した男性であること
⇔ **womanhood** 名 成人した女性であること

| Think more |

心理学では、思春期(puberty)とは、児童期から青年期へ移行する過渡的な時期で、11歳〜13歳頃の青年前期がそれに当たります。なぜならば、小学校高学年から中学1年生にかけて、身体的に急激な変化が訪れ、心理的にも大きな影響を与えるからです。

一般に児童期に比べると、自己の内面を見つめ、思索的、内省的な傾向が強くなります。親から、特に母親からの「心理的離乳(psychological weaning)」が始まるのです。自立の時期に入るのですが、まだ完全には自立できない状態にあります。

依存と自立の欲求が同時に起こり、その葛藤が原因で、不安定な情緒を示すこともあります。これが「第二反抗期」です。

この時期には、自我の覚醒や自己意識の高まりが原因で、親や教師、周囲の大人、社会的な権威一般に対して反抗的、攻撃的となり、怒りや苛立ちの感情を抱く傾向があります。

83
ジョージ・エリオット

What do we live for, if it is not to make life less difficult for each other?

お互いの人生をもっと楽にするためでないのなら、私たちは何のために生きているのでしょうか。

George Eliot 1819-80

イギリスの女流作家。本名はメアリー・アン・エヴァンズ（Mary Anne Evans、マリアン Marian ないしメアリー・アン Mary Annとも）。ヴィクトリア朝を代表する作家の一人。24年間生活をともにした恋人ジョージ・ヘンリー・ルイスと死別後、20歳下の実業家ジョン・ウォルター・クロスと結婚したが、彼女はその後わずか7か月で亡くなった。

make＋O＋形容詞

Oを〜にする

〈make＋O＋形容詞〉は「Oを〜（の状態）にする」。
lessはlittleの比較級で「より〜でなく」。more「より〜、もっと〜」
と反対の意味を表します。

This song makes me calm and happy.

（この曲を聴くと、私は気持ちが落ち着き幸せな気分になる）

Love makes us blind.

（恋は盲目／あばたもえくぼ）

each other お互い（に）、相互（に）

〈例〉 **We've been together long enough to know each other well.**
（つき合いが長いので、私たちは互いのことがよくわかっている）

| Think more |

人生において、挫折、失敗に遭遇したときも、心の傷を癒やしてくれるのが、二人で助け合いながら過ごした美しき時間、美しき日々なのです。

「自分が心から相手の幸せを願いながら、真剣に恋をすることができたか、二人が協力し合って、どれだけ真剣に人生を生きたか」が、人間として最も大切なことであり、これこそ生きる歓び、人生の意味だと常に考えています。

多くの困難を乗り越えることができたのも、心の底に恋があり、私を支えてくれた人がいたからだと思っています。私は、この世で、恋ほど人間を強くし、成長させ、才能を開花させるものはないと思っています。

84
アルフレッド・アドラー

Love is a necessary life-task for which an early preparation is needed, and training for love is an integral part of one's education for life.

愛は、早くから準備しなくてはならない、人生に必要不可欠な課題である。愛のトレーニングは、人生の教育における必須の部分である。

Alfred Adler 1870-1937

アドラーは次のように考えている。「劣等コンプレクス」とは、自分が劣った存在であることを示し、課題から現実逃避することである。アドラー心理学では、劣等感を現実逃避のための「言い訳」に使うことを「劣等コンプレクス」と呼んでいる。例えば、トラウマ（心的外傷）や神経症などを理由にして、「だから私にはできない。無理なのだ」と主張するのが「劣等コンプレクス」なのである。

a life-task for which ...

…な人生の課題

a necessary life-task をfor which an early preparation is neededが後ろから修飾しています。このように、関係代名詞が前置詞の目的語になる場合、前置詞が関係代名詞の前に置かれることがあります。

This picture reminds me of the small town in which I was brought up.
（この写真を見ると、私が育った田舎町を思い出す）

necessary 形 必要な、なくてはならない
task 名 課題、任務
preparation 名 準備、用意
integral 形 必須の、不可欠な

| Think more |

『人生の意味の心理学』より。「人を愛することは、技術であり、早期トレーニングが必要です。人を愛することは、人生における最も大切な課題です。人には本来、愛情本能というものはありません。だから、人を愛せるようになるためのトレーニングが必要なのです」とアドラーは言っています。

現代社会において、恋愛のできない人たちが増えています。その原因の多くは、自分が恋愛をすることによって傷つくことを極端に恐れて、現実の恋愛関係のリスクを回避する心理が働いていることが推測されます。

私は、恋をすることによって人間は成長していくものと考えています。自分が傷つくことを恐れて人を愛せない人間には、人を愛せるようになるためのトレーニングが必要だと思います。

85
アルフレッド・アドラー

There are other people who invent a romantic, ideal or unattainable love; they can thus luxuriate in their feelings without the necessity of approaching a partner in reality.

ロマンチックで理想的な、あるいは、叶わぬ愛を創り出す人もいる。彼らはこのようにして、現実にはパートナーに近づかなくても感情において楽しむことができる。

Alfred Adler 1870-1937

アドラーは次のように考えている。「優越コンプレクス」は、「劣等コンプレクス」の一部であると考えられる。「優越コンプレクス」のある人は、自分を実際よりも優れているように見せようとする特徴がある。学歴や肩書を誇示したり、高級ブランド品で身を包んだりする。彼らには、他者よりも自分のほうが優れて見えることが重要なので、絶えず他者の評価を気にかけているのだが、実際には自分が思っているほど他者は期待していないのだ。

without

〜なしに

without the necessity of 〜ing は「〜する必要なく」。
withoutは「〜なしに」という意味で、withの反対の意味を表す前置詞です。

You shouldn't change lanes without using a turn signal.

（ウインカーを出さずに車線変更してはいけない）

invent 動 創り出す、考案する
ideal 形 理想的な、申し分のない
unattainable 形 実現不可能な、到達できない
thus 副 このようにして、このような方法で
luxuriate 動 楽しむ、（感情などに）ふける
in reality 実際には、実は

| Think more |

浮気に関しては、様々な理由が考えられます。例えば、マンネリ化して楽しめない、浮気相手のほうが自分に対して優しかった、などです。

こうした理由の多くが、「不足原則」と「自己拡大」に関連しているといえるでしょう。

「不足原則」とは、二人の関係で満たされないものを、浮気相手に求める傾向です。例えば、パートナーが自分に対して優しくない、日常生活がマンネリ化して新鮮味がなくなった、などです。

「自己拡大」とは、浮気相手が、自分の知らなかった、これまで気づかなかった、自分の側面を評価してくれたり、非日常的な、通常では味わうことのできない新鮮な体験をさせてくれたりすることです。

86
マーク・トウェイン

The best way to cheer you up is to
try to cheer somebody else up.

自分を元気づけるための最善の方法は、他の人を元気
づけようとすることだ。

Mark Twain 1835-1910

本名サミュエル・ラングホーン・クレメンズ（Samuel Langhorne Clemens）は、ア
メリカ合衆国の小説家。『トム・ソーヤーの冒険』など、子供が楽しめる作品を残
しているが、人種差別批判や社会的メッセージ性のある作品も多い。

S + is + to + 動詞

Sは〜することである

〈S + is + C〉「SはCである」のC（補語）に〈to + 動詞の原形〉（不定詞）がきた文です。the best way to 〜は「〜する最善の方法」。不定詞が後ろから名詞を修飾する形です。try to 〜は「〜しようと試みる」。不定詞が動詞tryの目的語です。

The best way to get over lost love is to find a new lover.

（失恋を乗り越える最善の方法は、新しい恋人を見つけることだ）

cheer 〜 up 〜を元気づける、励ます
〈例〉 **Thank you for trying to cheer me up.**
（励ましてくれてありがとう）

| Think more |

「ありがとう」「おかげで助かったよ」と感謝の言葉を言われると、勇気づけになり、幸せな気持ちになり、もはや孤独感は完全に消え去り、一層仲間意識が強くなります。

人間は、一人では生きていけないのです。「自分が周りの人に必要とされている」「自分の存在が社会的に役に立っている」と実感できるとき、自分の人生に意味を与えることができるのです。

良い人間関係を作るためには、「自分のことをわかってほしい」と思う前に、相手に関心を持ち、「相手のことをわかろう」と思うことが大切です。

共同作業や会話をする際には、相手の立場に立って、共通の課題、共通の感覚を持つよう心掛けることが大切なのです。

つまり、「自分が世界の中心ではない」ことを常に自覚して、他人の立場、置かれている状況、その人の性格などを掌握してから、相手と自分の共通感覚、共同体感覚を持つことが大切なのです。

87

セオドア・ルーズベルト

Do what you can, with what you have, where you are.

あなたにできることをしなさい。
あなたが持っているものを使って、あなたが今いる場所で。

Theodore Roosevelt 1858−1919

アメリカ合衆国の軍人、政治家で、第26代大統領である。2020年6月、ニューヨークのアメリカ自然史博物館前に設置されていたセオドア・ルーズベルト大統領の銅像が「黒人と先住民を従属的で人種的に劣っていると表現してる」という理由で撤去されることが決まった。

where you are

あなたがいる場所

where は関係副詞で、「(〜する)場所」という意味。
〈the place where＋S＋V〉「SがVする場所」を表します。

That is where we are going.
(私たちが行くのはそこだ)

This is where I first met her.
(ここは、私が初めて彼女に会った場所だ)

Where love is, there is faith.
(愛があるところに、信頼あり)

| Think more |

人には、誰にでも得意なものがあります。あるがままの自分を受け入れて、
「今の自分にできることは何か」「これから未来に向かってどうすればいい
のか」を考えることが大切です。「何が与えられているのか」ではなく「与え
られているものをどう使うか」です。

これを、共同作業をする際の他者に対して考えてみると、あるがままの他
者の存在を受け入れて、「その人にはどのような才能・個性があるのか」
を見極め、「これからこの人と、共同体感覚を持ってどう協力していくのが
最良の方法なのか」を考えることが大切だと思います。

そうすることによって、他者から感謝され、自分の存在意義を実感し、幸
せな人生を歩むことができるのです。

All is well that ends well.
終わりよければすべてよし
. . .

Life has its ups and downs.
人生には浮き沈みがある

人生には確かに浮き沈みが何度もあります。過去において逆境に直面したことや、悪い人間たちによって陥れられたことが何度もありました。しかし信念を持って、一生懸命に生きていると、必ずと言っていいほど、手を差し伸べてくれる善人がいるのは不思議です。過去は変えることができません。過去の不幸な体験は時間が解決してくれます。記憶の中から消しましょう。考えないようにしましょう。大切なのは、今です。これからどうするかが大切なのです。結果的に今の状態が良ければ、「終わりよければすべてよし」なのです。

You can do well what you like.
好きこそものの上手なれ
. . .

Practice makes perfect.
習うより慣れろ

例えば、英語学習を考えた場合、英語を好きになればなるほど、なお一層上達が早くなります。英語の勉強が楽しくてやめられなくなります。大切なのは、習慣化すること。朝起きて顔を洗い、歯を磨かないと気持ちが悪いのと同じように、未知の単語に出会ったら、辞書を引き意味を確認する習慣をつけてください。英語の授業があるときは必ず予習をする習慣をつける。英語学習はまさに「習うより慣れろ」です。

9

Marriage and life

結婚と人生

Socrates
Carl Gustav Jung
Erich Fromm
Alfred Adler

88
ソクラテス

By all means marry. If you get a good wife, you will become happy; and if you get a bad one, you will become a philosopher.

ぜひとも結婚しなさい。
良妻を得たならば、あなたは幸せになれるだろう。
悪妻を得たならば、あなたは哲学者になれるのだから。

Socrates 469-399 B.C.

古典期ギリシアを代表するアテネの哲学者。対話法による真理の探究を目指し、神話段階から自然哲学、ソフィストの弁論術を経て、人間の徳や魂のあり方に迫る「哲学」（フィロソフィー）の段階に高めたといえる。

by all means

ぜひとも

by all means は「ぜひとも、何としてでも」。
meansは名詞で「方法、手段」という意味です。

You should try it, by all means.
（ぜひ君もやってみるべきだ）

Such a situation must be avoided by all means.
（そういう事態は何が何でも避けなければならない）

wife 名 妻 ⇔ **husband** 名 夫

〈例〉 Children are a bond between husband and wife.
　（子はかすがい）

philosopher 名 哲学者、哲人

| Think more |

結婚とは、まったく異なった環境で生きてきた二人の男女が、生活をともにし、家庭を維持していくことです。これまで育てられてきた家庭環境も、社会環境もまったく異なり、人生観も価値観もライフスタイルも異なる二人の人間の共同生活には、強固な共感と共同体意識が必要不可欠であることはいうまでもないことです。

誰にでも、触れられたくない欠点、劣等感、心の闇、心の傷、心的外傷のようなものがあります。このことを、常に心に留めておく必要があります。お互いに親しくなると、遠慮がなくなり、「どんなことを言っても相手は自分を許してくれる」と勘違いして、ズケズケものを言う人がいます。長い時間をかけて築いてきた最強の信頼関係が、不用意な一言で、一瞬のうちに崩壊してしまうことが、往々にしてあります。「相手の欠点を受け入れる」ということが、「愛」なのです。相手の良いところを見て恋に落ち、欠点を受け入れたときに、愛が生まれるのではないでしょうか。

恋愛や結婚は、様々な人間関係の中で、一番深い人間関係です。

89
カール・グスタフ・ユング

There is a will to live in everybody which will help them to choose the thing which is right for them.

すべての人間には生きようとする意思があり、その意思がその人に正しいものを選択させる。

Carl Gustav Jung 1875-1961

スイス出身の精神科医、分析心理学者、バーゼル大学教授。主として分析治療に従事する。ユングもフロイトの影響を受けていた。しかしユングは、無意識の概念を、個人的なレベルから普遍的無意識へと高め、フロイトから離脱して「分析心理学」を確立した。著作『分析心理学』は、ユングが1935年にロンドンで行った、5回にわたる講義の記録を基にして編集され、彼の心理学の核となる部分が、わかりやすく説明されている。

help＋O＋to＋動詞

Oが〜するのを助ける

〈help＋O＋to＋動詞（原形）〉は「Oが〜するのを助ける、Oが〜するのに役立つ」。このtoは、しばしば省略されます。

This book helped me to solve the problem.
（この本が、私がその問題を解決するのに役立った）

Please help me pack my things.
（荷造りを手伝ってください）

notes
will 名 意思、意志
choose 動 選ぶ、選択する
〈例〉**It makes a big difference which you choose.**
（あなたがどちらを選ぶかで、大きな違いが生じる）

| Think more |

ある決断を下す場合に大切なのは、様々な選択肢の中から、何が正しいのかというよりも、「何が自分の人生にとって有用であるか、最適なものであるか」を基準にして判断を下すことです。

大切なのは、自分が選んだ人生は、自分が最後まで責任を持って引き受けることです。自分には、自分の選んだ自分の生き方があり、他人の要求に応じた人生を歩む必要はないのです。

これは結婚に関しても通じるものです。

結婚は二人にとっての課題であり、本人たちに自由な選択肢が与えられるべきだと思います。他人は、二人の課題に踏み込んではいけないのです。

この名言は『分析心理学』より。

90
エーリッヒ・フロム

To love somebody is not just a strong feeling.
It is a decision, it is a judgement, it is a promise.

誰かを愛するというのは単なる激しい感情ではない。
それは決意であり、決断であり、約束である。

Erich Fromm 1900-80

ドイツ出身の精神科医、社会心理学者、社会理論家。『愛するということ』(*The Art of Loving*)は、愛について明瞭に分析したものである。フロムは、本質的には宗教的であり、人間と人間の信頼関係は回復できるという立場に立っている。人間の将来については、楽観的である点、人間を社会的存在ととらえている点がアドラーと共通している。

not just 〜

単に〜ではない

just には「単に、ただ〜だけ」という意味があります。
not just 〜で「単に〜ではない、ただ〜だけではない」という意味
（部分否定）を表します。

This is not just my personal opinion.

（これは単に私の個人的な意見ではない）

His goal was not just to make money.

（彼の目標は、ただ金をもうけることだけではなかった）

decision	名	決心、決意
judgement	名	判断、決断
promise	名	約束、契約

| Think more |

フロムは、「自分自身に対する関心を超越して、相手の立場に立ってその
人を見ることができたときに、初めてその人を知ることができる」と言って
います。

この名言を、実際に体現しているような映画の一つを紹介しましょう。

ショパンのノクターンを主題曲にした、ある実在した天才ピアニストの生
涯を描いたアメリカ映画『愛情物語』です。この映画の一場面で、死に直
面した主人公のピアニストが、亡き妻について語るセリフがあります。

「私たちは親友で、恋人で、無邪気な子供だった。子供でいられるのは、
たった一度だ……。青春の恋も一度。親になる歓びも、親が老いる悲しみ
も、一度きりだ。昔はそのことに気づかなかった」

この言葉の中の「私たちは親友で、恋人で、無邪気な子供だった」という部
分に、まさにこの名言にあるような理想的な夫婦愛を感じました。

この名言はフロムの『愛するということ』より。

91
エーリッヒ・フロム

To be concentrated in relation to others means primarily to be able to listen.

他人との関係において精神を集中させることは、何よりもまず、相手の話を聞くということである。

Erich Fromm 1900-80

ドイツ出身の精神科医、社会心理学者、社会理論家。フロイトの影響を受けた一人であるが、直接の弟子ではない。「フロイトには、社会構造への考察が欠けている」というのがフロムの考えである。

be able to＋動詞

〜することができる

〈be able to＋動詞（原形）〉は「〜することができる、〜する能力がある」。canとほぼ同じ意味を表します。

I'm pleased to be able to work at home.
（私は在宅勤務ができてうれしい）

How were you able to overcome your fear of heights?
（どうやって高所恐怖症を克服することができたのですか）

concentrated 形 集中した
relation 名 関係
primarily 副 第一に、何よりもまず

| Think more |

他人の話を、その人物の立場に立って、親身になって聞くことも大切です。他人の意見に耳を傾け、客観的に考える能力が理性です。理性を持って、結婚と人生を考えることが大切なのです。

現代社会における結婚生活において、もしも一人がもう一人を支配したいと思い、自分に従うことを強要するようなことがあれば、この結婚生活は、必ず崩壊するでしょう。永遠に存在することはあり得ないと思います。支配と服従の関係は存在してはならないのです。

最近の女性は、仕事面でも精力的に働いて、着実に実績を残し、成果を上げて、社会的にも多大な影響力を持って活躍しています。収入面や社会的な地位の面においても、男性と対等な立場に立っています。

特に女性は男性に比べると、一般的に「共感能力」が優れていといわれています。つまり、じっくり他人の話に耳を傾けて、人の心を推測しながら、共感しながら聞くことを通して、人間の心の機微を読み取る能力を備えているのです。

92
アルフレッド・アドラー

One should not trust a person in love who comes late for an appointment without an adequate excuse. Such action shows a hesitating attitude.

それなりの適切な、きちんとした言い訳もなく、デートに遅れる恋人を信頼してはならない。このような行動は、結婚に対して、ためらいの態度を示唆している。

Alfred Adler 1870-1937

オーストリア出身の精神科医、心理学者、社会理論家。アドラーは、劣等感とは「客観的事実」ではなく、「主観的な解釈」だと考えている。つまり、主観的な「思い込み」なのだから、自分の主観を変えることによって、さらには、自分の価値観や判断基準、認知を変えることによって、劣等感は解消され、飛躍の礎石、成長の糧となる。これが、アドラー心理学の「認知論」である。

person in love

恋人

person in love は「恋をしている人、恋人」。
このinは、「〜の状態で」と環境・状態・状況を表します。

There are many animals in danger of extinction.
（絶滅の危機に瀕している動物はたくさんいる）

---

notes

trust 動 信用する、信頼する
〈例〉 Be honest about your intentions, and people will trust you.
（自分の意思に正直であれ。そうすれば人はあなたを信頼するだろう）

appointment 名 約束、予約

adequate 形 適正な、適切な

hesitating 形 ためらう、躊躇する

attitude 名 態度、姿勢

| Think more |

人間には、その人なりの行動傾向、思考形態があるのです。

頻繁に約束した時間に遅れてくるような人間は、すべてのことに関して、ルーズでだらしのない人間だと考えられます。約束を平気で破り、金銭的にもだらしのない行動傾向がある人間であるとも考えられます。約束の時間に遅れる場合には、必ず相手に連絡し、理由を述べるのが、社会人としての最低の礼儀だと思います。

このような基本的なルールを守れない人は、恋愛や結婚に関しても、約束を守れない人であると考えるべきだと思います。

93
アルフレッド・アドラー

The marriage task can be handled properly if the two persons recognize the mistakes in their character and approach things in a spirit of equality.

結婚という課題は、二人が互いに自分の性格の誤りを認め合い、対等の精神で多様な問題に対処していくのであれば、適切に対処できるだろう。

Alfred Adler 1870-1937

アドラー心理学の中で、特に強調されている点は、「人は、変われる。対人関係の悩みから解放されるためには、『勇気』を持って、自分を変えることである。今現在の自分が変われば、未来の自分も変われる」という前向きな生き方である。

if

もしそうなら

if は「もし…ならば、…であれば」。条件や仮定を表す接続詞です。

You don't need to work long hours if you work more effectively.

（もっと効率よく仕事すれば、君は長時間働かずにすむ）

If anything can go wrong, it will. (Murphy's law)

（問題が起こり得るなら、それはきっと起こる［マーフィーの法則］）

handle 動 対処する、処理する
properly 副 適切に、きちんと
recognize 動 認める、受け入れる
approach 動 取り組む、臨む
in a spirit of 〜 〜の精神で、〜の精神に基づいて

| Think more |

名言はアドラーの著作『人生の意味の心理学』より。結婚とは、二人の人間が、お互いの人格を尊重し合い、お互いの欠点を補い合いながら、人生という旅路を歩んでゆくことだと思います。その際に、絶対に欠かせないのが、「最強の信頼関係」と「最強の共同体感覚」です。

この場合の「最強の共同体感覚」とは、アドラーの言う「共同体感覚」の中でも、特に重要な意味を持つ、最強の信頼関係に支えられた「共同体感覚」のことです。

二人で過ごす時間を大切にして、同じ夢を追いかけながら、様々な困難や苦悩を二人で力を合わせて乗り越えていくのが「結婚という課題」です。

「親しき仲にも礼儀あり」といいますが、たとえ二人の間がどんなに親密であっても、「礼儀」「いたわり」「思いやり」などを忘れてはいけないと思います。

94

アルフレッド・アドラー

Pampered children may develop into great tyrants in marriage; the other partner feels victimized and trapped, and begins to resist.

甘やかされた子供は、結婚において大いなる専制君主になるかもしれない。もう一人のパートナーは、だまされて罠にはめられたと感じる。そして反抗し始める。

Alfred Adler 1870-1937

アドラーは、対人関係の基本は、「私とあなた」の関係と考えている。対人関係のカードは、私の手の中に握られていることを忘れてはいけない。「私」が変わらなければ、職場や環境を変えても、嫌な人間や自分を嫌う人間は、どこの世界にもいる。「私」が変わらなければ、どんな世界に住もうとも、同じ悩みに苦しむことになるだろう。現実を直視して、自分が変わらなければ、根本的な解決にはならないのだ。

feel victimized

だまされていると感じる

〈feel＋過去分詞〉は「～されていると感じる、～されている気がする」。この形で使う過去分詞には、depressedやembarrassedのように形容詞化したものもあります。

Then I felt taken advantage of.

（そのとき私は利用されていると感じた）

notes
pampered 形 甘やかされた
develop into ～ ～に進化する、進展する
tyrant 名 専制君主、暴君
victimize 動 だます、詐欺にあわせる
trap 動 罠にはめる、罠をしかける
resist 動 抵抗する、反抗する

| Think more |

心理学的な視点から、人間の社会性の発達過程を考えてみましょう。

6歳になり、「児童期（学童期）」を迎えた子供たちは、小学校に通うようになると、家庭中心の生活から学校中心の生活が始まります。

新たな出会いの中で、社会性を身につけていくようになり、自分のわがままが集団生活の中では通用しなくなります。親よりも友だちとの関係が強くなり、社会性が著しく発達し、親の甘やかしを避けるようになります。

8歳から11歳くらいになると、仲間集団ができ、社会性や集団内での協力関係や役割関係が生まれ、共感や共同体意識などが芽生えてくるのです。

心理学では、12歳頃から、つまり中学生以降～高校時代を「青年期」としてとらえています。この時期の友人関係により、人格形成上、多大な影響を与えられるのです。

For most children before the age from eight and a half to ten, the problem is almost exclusively that of being loved.

8歳半から10歳くらいの年齢に達するまで、子供にとって問題なのはもっぱら愛されることだけだ。

Erich Fromm 1900–80

『愛するということ』(*The Art of Loving*)は、アメリカで出版されたが、すぐにベストセラーとなり、その後17か国語に翻訳され、今日でも世界中で愛読されている本である。この本の著者エーリッヒ・フロムは、フロイトの影響を受けているが、マルクスやマックス・ウェーバーの経済学、社会学の影響も受けている。

that of being loved
愛されるという問題

that は、前出の名詞のくり返しを避けるために使うことがあります。その場合、しばしば that of 〜の形になります。

ここでは、that は the problem を指しています。

The climate here is as mild as that of Hawaii.
（ここの気候はハワイと同じくらい温暖だ）

The population of Tokyo is about one-tenth of that of Japan.
（東京の人口は日本の人口の約10分の1である）

exclusively 副 もっぱら、ただ〜のみ
〈例〉 **This item is sold exclusively online.**
（この商品はオンライン限定販売だ）

| Think more |

「愛情的承認」は、人が生きていくうえで大切な歓びの源泉ですが、同時に大きな精神的な支えにもなります。

何歳になっても、人は愛情的承認を必要とし、常に求めています。「自分は大切にされる価値がある」という自己肯定感の基礎も「愛情的承認」にある、といわれています。

幼い頃は、このような愛情的承認による歓びが主たるものですが、成長するにつれて、人は「ほめられる歓び」を求めるようになるのです。

これが「評価的承認」です。他者に心から感謝され、頑張って成し遂げた仕事が評価されたとき、とてもうれしくて幸福を感じます。

96
エーリッヒ・フロム

Father's love should be patient and tolerant, rather than threatening and authoritarian. Father is the one who teaches the child, who shows the road to the world.

父親の愛は、脅したり、権威を押しつけたりすることなく、忍耐強く、寛大でなければならない。子供を教育し、世界へつながる道を教えるのが父親である。

Erich Fromm 1900-80

彼の著作である『自由からの逃走』は、あまりにも有名である。フロイトの理論は、フロム等、20世紀の心理学や精神医学のみならず、哲学、文学などを含めた幅広い世界に多大な影響を与えてきた。

A rather than B

BではなくA

A rather than B は「BではなくA、BよりもむしろA」。ratherは「どちらかといえば、(〜よりは)むしろ」という意味の副詞です。

We should think of giving love rather than getting it.

(愛情を得ることよりも、与えることを考えたほうがいい)

patient 形 忍耐強い、我慢する
tolerant 形 寛大な、寛容な
threatening 形 脅迫的な
authoritarian 形 権威主義の、権威をふりかざす

| Think more |

私が英語と初めて出会ったのは、小学3年生の頃、父と一緒に風呂に入っていたときのことでした。身体が温まるまで、湯船の中で、父は私に「今日は英語で1から3まで数えてみよう」と言って、まず最初に「ワン、トゥー、スリー」の英語を教えてくれました。

父は、3年間のシベリア抑留中の厳しい状況の下で、英語の通訳をしていたとのことでした。多くの仲間たちの死に直面したとのことでした。

中学1年生のときに、父は私に言いました。「英語は耳から学ぶ必要がある。NHKラジオの『基礎英語』を毎日欠かさず聴き続けるのが一番だ」

私は毎朝、「基礎英語」を聴くために早起きをし、眠い目をこすりながら、ラジオに耳を傾ける日々が過ぎていきました。そのおかげで、高校入試では、英語で満点を取ることができました。

人生で一度も英語を嫌いになったことはありません。どれだけ英語に救われたことか計り知れません。大学教授を定年退職した今でも、毎日欠かさず、英語音声のニュースなどを聴いています。

「子供は親の後ろ姿を見て育つ」といいますが、これは真実だと思います。

Use the means and God will give the blessing.
人事を尽くして天命を待つ
・・・

Heaven helps those who help themselves.
天は自ら助くる者を助く

勝負や試験に臨むときには、全力投球で臨まなければいけない。すべての手段を使い、あらゆるチャンスを最大限に活用して、自分の運命を切り開いていかねばならないのです。一生懸命に努力している者に対しては、不思議なことに誰かが必ず手を差し伸べてくれるものです。私自身のこれまでの人生がまさにそうでした。逆境に直面したときに、必死に闘っているときに、必ずといっていいほど幸運に恵まれ、どんでん返しの勝利を得て、前進する道が開かれてきました。どんなときにも最後まで希望を捨ててはいけないのです。

Bitters do good to the stomach.
良薬は口に苦し
・・・

Every man has his faults.
人には誰しも短所がある
・・・

There is no rule but has exceptions.
例外のない規則はない

誰にでも長所と短所があります。これは森羅万象すべてについていえることです。欠点や短所が場合によっては最大の長所になることもあります。法律や規則などに関しても同じことがいえます。例外が認められて救済された事例も多々存在します。逆境に直面して、万事休すの状況に陥ったときに、何度か例外に救われて窮地を脱したことがありました。法律や規則は人間が作るものです。必ず、例外や抜け道があり、これは人間の裁量や人情で酌量される場合が多いのです。

おわりに

　一冊の本を書くときに、著者は読者の心の中に一筋の光を投げかけるような気持ちを込めています。まさに、野球で言えば、「一球入魂」の境地といえるでしょう。「社会全体に貢献しよう」などと偉そうなことを言うわけではありません。ただ、この本を読んでくださる読者が、この本を読んで、本当に良かったと感じてくれることを祈りながら著者は、筆を走らせているにすぎないのです。

　作曲家や、その曲を演奏する人たちも、私と同じような想いを抱いていると思います。自分が作曲した曲、演奏する曲が多くの人たちの心に感動や生きる勇気を与えることが、彼らの原動力となるのです。

　つまり、彼らの人生の意味も社会全体への貢献にあるのです。あらゆる職業に従事する人たちも、自分たちの仕事が結果的には社会に貢献していることに生きがいを感じているのです。

　言葉によって、人間は考えることができます。言葉の力によって、人は他人を喜ばせ、幸せな気持にさせることができるのです。人を勇気づけ、励まし、希望を持たせ、やる気を起こさせることができるのです。感動させ、有頂天にさせることもできるのです。その反面、人を絶望の淵に追い詰め、悲しませ、やる気をなくさせ、生きる希望を失わせ，死に至らしめることもあるのです。

　言葉を通して、教師は学生に知識を与え、生きる道を説き、政治家は、言葉を通して聴衆を魅了し、政治的判断を下します。だから言葉を失ったとき、政治家は権力や影響力を失うのです。

フロイトは「言葉の起源は魔術であり、今日でも魔力を持っている。言葉は感情に火をつける。言葉は人類を相互に結びつけ、あるいは離反させる手段になっている」と言っていますが、まさにその通りだと思います。

　言葉は人の心に情熱や感動を呼び起こすことができますが、一方では凶器にもなるのです。本を書くという行為は、著者が言葉を通して、読者に対して自分の考えや知識を伝えることです。著者は、読者と一対一で対話しながら原稿を書き進めているのです。言葉は心と心の架け橋になっているのです。

　最近、ポジティブな人生観で逆境を克服して、自己実現を達成した2人の人物の存在を知りました。「左手のピアニスト」として世界的に有名な舘野泉氏とバレエダンサーの最高位で、主役級を演じるプリンシパルに昇格した金子扶生さんです。

「左手のピアニスト」として有名な舘野泉氏は、東京藝術大学を首席で卒業し、これまでに世界各地で4,000回を超える演奏会を行い、リリースされたLP、CDは130枚以上。デビュー以来、順風満帆な人生を送ってきましたが、2002年の演奏会の舞台上で脳溢血で倒れてしまいました。その結果、右半身麻痺が残り、以降「左手のピアニスト」として18年間、演奏活動をされています。

「時間は戻らない。過去を振り返るより、今、目の前にあること、これ

から未知なることに僕は興味があるのです」

「左手で演奏を始めるきっかけになったバッハの曲でブラームスが左手のために編曲をした『シャコンヌ』を18年間で700回弾いても一度も飽きたことはない」

この言葉はまさにポジティブな生き方で、幸福な人生を歩みながら自己実現をした人物の言葉なのだと思い、心から感動しました。昨年、2020年には演奏生活60周年を迎えられて全国ツアーが行われました。

また、NHK WORLD JAPANで放送されたニュースの中で、イギリスの名門ロイヤルバレエ団は、所属する日本人の金子扶生さんがバレエダンサーの最高位で、主役級を演じるプリンシパルに昇格したと発表したと報じられました。ロイヤルバレエ団は、世界3大バレエ団の一つとも称されるイギリス王立のバレエ団です。

インタビューの中で、金子扶生さんは次のように答えました。

「様々な逆境を乗り越えてきました。でも無駄なことは何もなかったと思います」。この言葉を聞いたとき、この方は、不幸なマイナスの経験をポジティブな心で受けとめることによって、プラスの方向に人生を切り開いて、前進してきたのだなと思い、心から感動しました。

「いろいろと大変だったけど、結局、人生無駄なことはなかった」と胸を張って言える人が、本当に幸せな人生を歩んでいる人だと思いました。

小池直己

〈著者紹介〉

小池直己 （こいけ・なおみ）　　Koike Naomi

広島大学大学院修了。カルフォルニア大学ロサンゼルス校客員研究員を経て、大東文化大学准教授、相模女子大学教授、就実大学教授・大学院教授を歴任。その間、NHK教育の英語番組の講師も務める。英語教育学、心理学を専門とする。主な著書に『スヌーピーで学ぶすぐに使える英語表現105』（祥伝社）、『ポジティブになれる英語名言101』（岩波書店）、『中学・高校英語を10時間でやり直す本』、『英語でたのしむ「アドラー心理学」』（いずれもPHP研究所）など、380冊以上、累計500万部以上。

STAFF
イラスト／高松啓二
カバー・本文デザイン／やもりデザイン
校正／株式会社円水社

偉人たちのポジティブ名言で学ぶ英語表現

発行日　2021年11月10日　初版第1刷発行

著　　　者　　小池直己
発　行　者　　竹間 勉
発　　　行　　株式会社世界文化ブックス
発行・発売　　株式会社世界文化社
　　　　　　　〒102-8195　東京都千代田区九段北4-2-29
　　　　　　　電話　03-3262-5129（編集部）
　　　　　　　電話　03-3262-5115（販売部）
印刷・製本　　大日本印刷株式会社